Zahlenzauber 1

Mathematikbuch
für die Grundschule

Erarbeitet von
Bettina Betz, Ruth Dolenc-Petz,
Hedwig Gasteiger, Helga Gehrke,
Petra Ihn-Huber, Ursula Kobr, Gerti Kraft,
Christine Kullen, Elisabeth Plankl,
Beatrix Pütz, Karl-Wilhelm Schweden

Illustriert von
Mathias Hütter
Kristina Klotz

Oldenbourg

Inhaltsverzeichnis

Habt ihr schon einmal das Haus gesehen, das in der Nähe des Eulenfelsens im Wald steht? Über dem Haus flattert Eulalia und hält Ausschau nach Simsala und Bim, den Bewohnern des Häuschens. Eulalia ist eine Eule, aber eine besondere Eule. Sie kann lesen, malen, schreiben, sprechen und – ja, und rechnen.

Die Zauberkinder Simsala und Bim haben ihr einen Brief geschrieben.

Liebe Eulalia,
besuche uns bitte schnell.
Wir haben im Wald ein seltsames Buch gefunden mit vielen Zahlen, Kreuzen, Punkten und Strichen. Bim meint, dass es ein Rechenbuch ist. Aber was bedeuten die vielen Zahlen und Zeichen? Bitte hilf uns!
Bis hoffentlich bald
Simsala und Bim

Kommt mit ins Land des Zahlenzaubers!

Jippie, nun kann das Abenteuer losgehen!

Endlich erblickt Eulalia hinter dem großen Apfelbaum Simsalas grünen und Bims blauen Zauberhut. „Hallo, haaaalloooo!", ruft Eulalia den Kindern zu, „jetzt sehen wir uns in der Welt der Zahlen um!" Simsala und Bim sind begeistert. „Jippie", rufen sie, „nun kann der Zahlenzauber losgehen!"

(1) Wo befinden sich die Tiere? Beschreibe genau.

| oben | unten | rechts | links | zwischen |

(2) Wo ist der Schlüssel ?

(3) Erzähle etwas über:

      ?

(4) Zähle und schreibe auf:

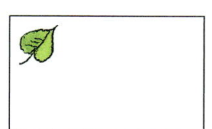 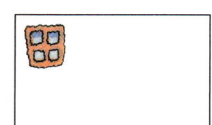 

4

5 Von welchen Dingen findest du $\boxed{2}$, $\boxed{6}$, $\boxed{?}$

6 $\boxed{0}$ $\boxed{1}$ $\boxed{2}$ . . . . $\boxed{11}$

7 $\boxed{11}$ $\boxed{10}$ $\boxed{9}$ . . . .

⭐ **8** $\boxed{21}$ $\boxed{20}$ $\boxed{19}$ $\boxed{18}$ . . . .

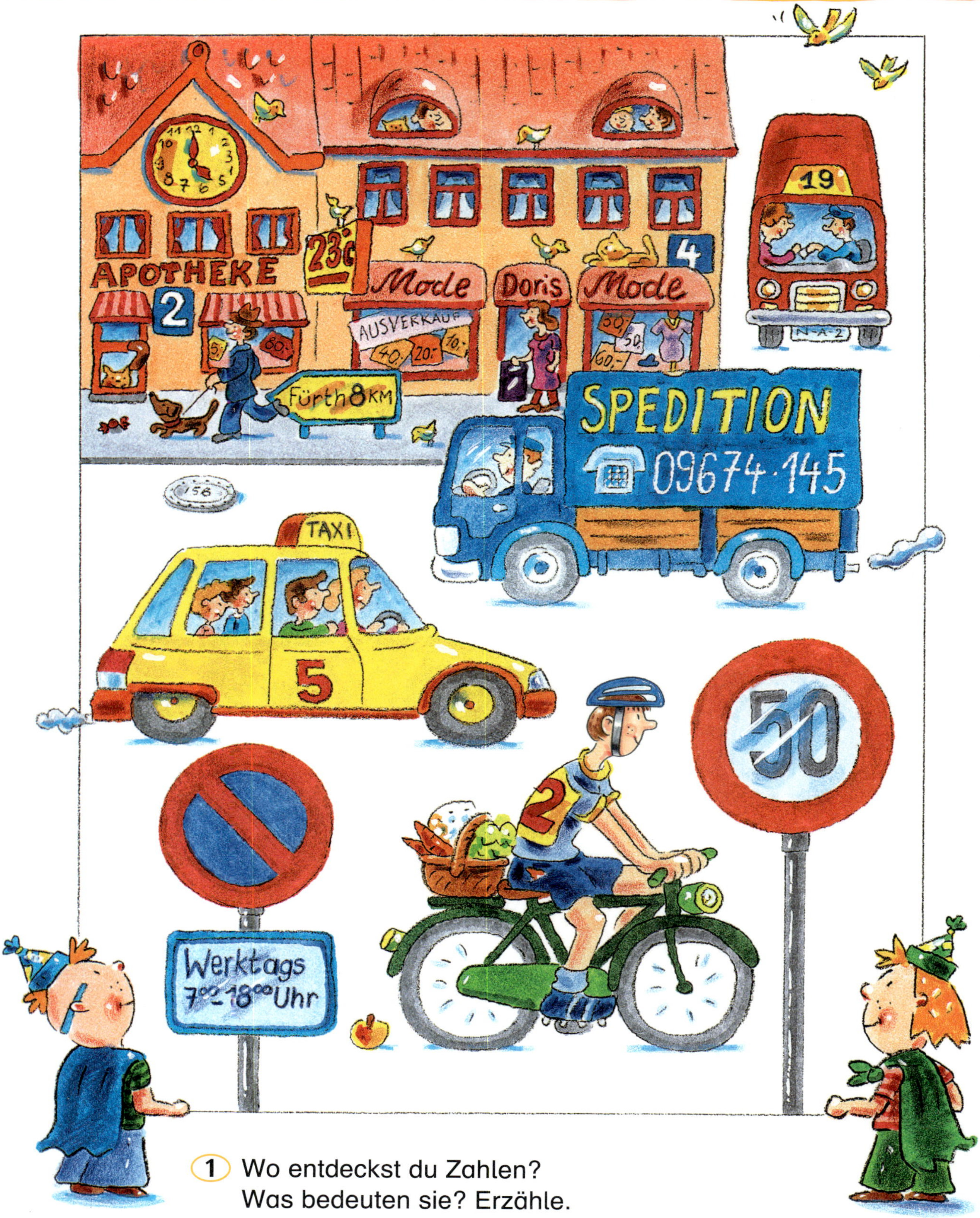

1. Wo entdeckst du Zahlen?
Was bedeuten sie? Erzähle.

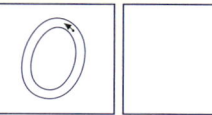   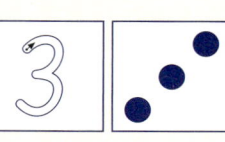 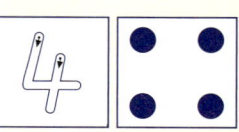

2. Schreibe die Zahlen.

 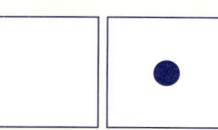 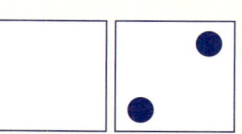 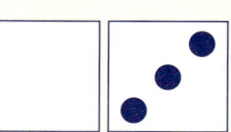 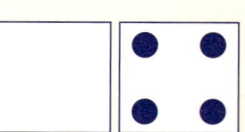

3 Spure die verzauberten Zahlen nach.

4 Male ein Bild zu deiner Lieblingszahl.

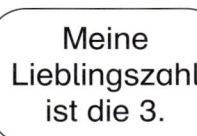 Meine Lieblingszahl ist die 3.

5 Erstelle eine Liste mit wichtigen Zahlen von deinen Freunden.

Stefan	5	September	52 24 71	14
Marie	7	August	92 43 14	31
ich				

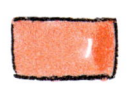

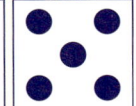

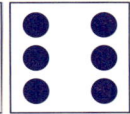
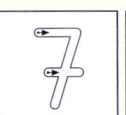
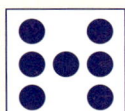

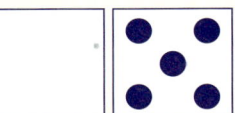
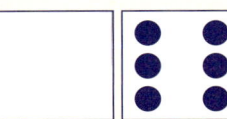
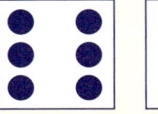
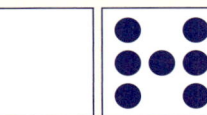
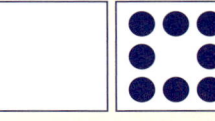
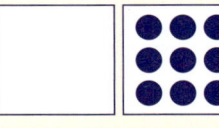

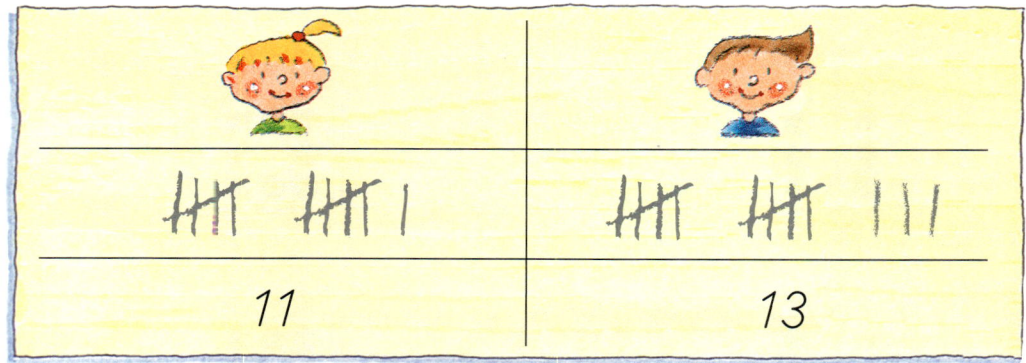

 1 Schaut euch das Bild an.
Erzählt und zählt.

2 Beschreibt, wo einzelne Kinder stehen.

 3 Überprüft die Strichliste.

hinter
vor
neben
zwischen

Diese Wörter helfen dir.

卌 卌 I	卌 卌 III
11	13

8

4 Viele Fragen:
– Wie viele …

Brillen	Kappen	blaue Hosen	lila Oberteile	
I I				
2	___	___	___	___

5 Erstellt für eure Klasse Strichlisten.

		___
		___

		___
		___

		___
		___

		___
		___

6 Was könnt ihr alles ablesen?

Auf einen Blick – toll!

	5	6	7
	I I	HHT I I	I I I I
	I I	HHT I	I I I

Erstellt gemeinsam ein solches Schaubild für eure Klasse.

7 Zählt im Klassenzimmer.

		___
		___

		___
		___

(1) Lege nach.

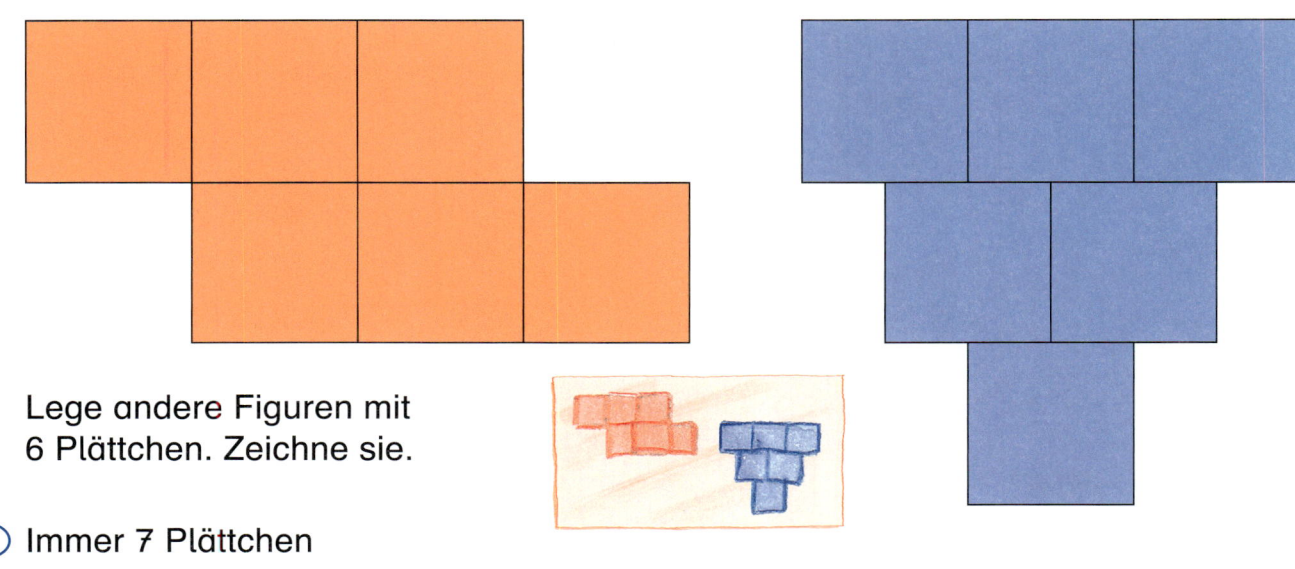

Lege andere Figuren mit
6 Plättchen. Zeichne sie.

(2) Immer 7 Plättchen

Lege andere Figuren mit 7 Plättchen. Zeichne sie.

(3) Immer 8 Plättchen

Lege andere Figuren mit 8 Plättchen. Zeichne sie.

 (4) a) Erfindet Figuren mit 4, 5, …
Plättchen. Zeichnet sie.

b) Sortiert die Figuren und
klebt sie auf Plakate.

5 Lege die Muster mit den Plättchen nach. Setze sie fort.

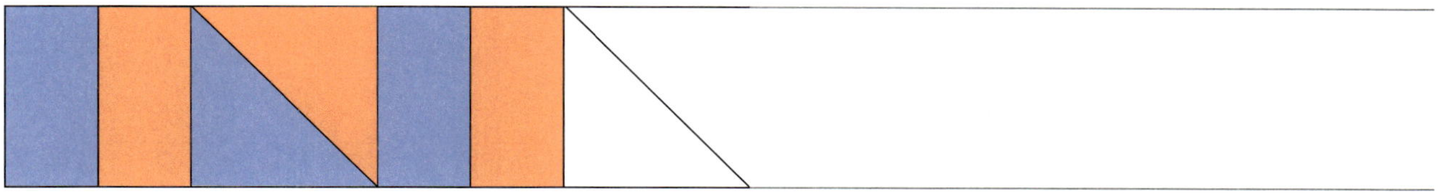

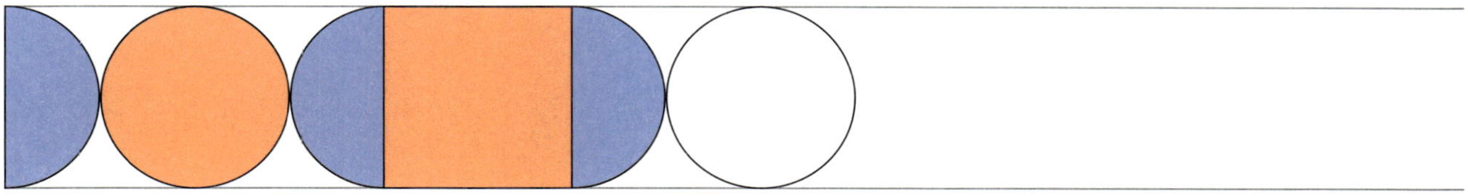

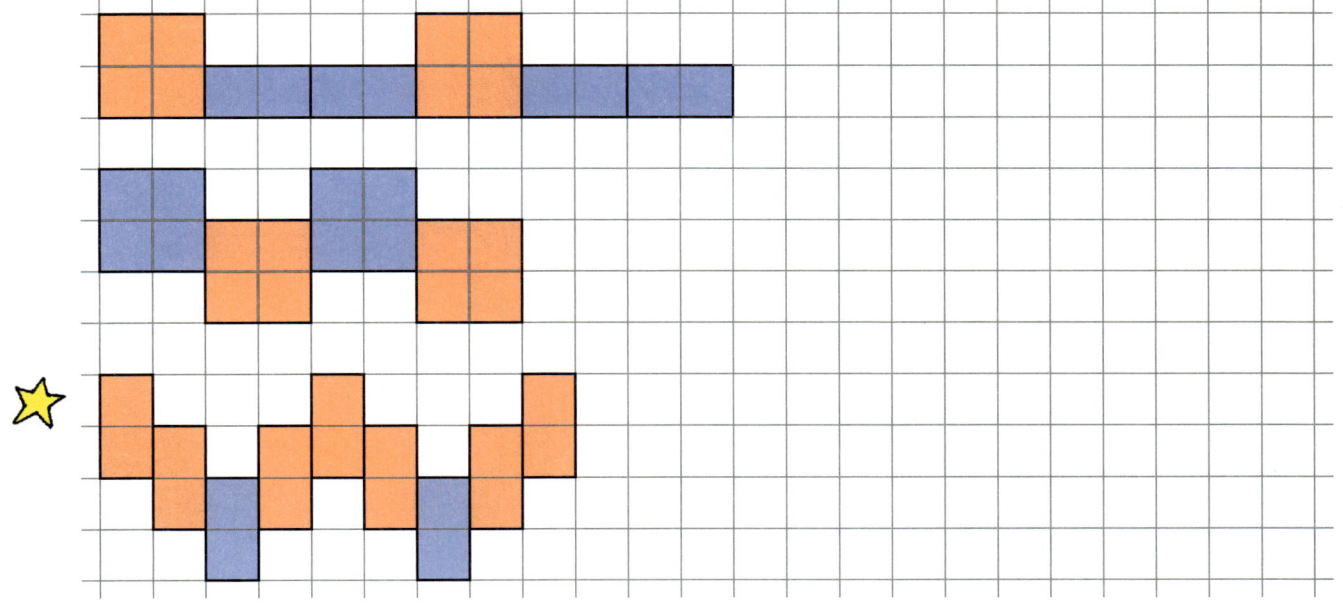

Lege selbst Muster. Zeichne sie.

6 Wähle ein Muster aus und setze es fort.

⭐

1 Baue eine Schüttelschachtel.

2 Schüttle und schreibe auf.

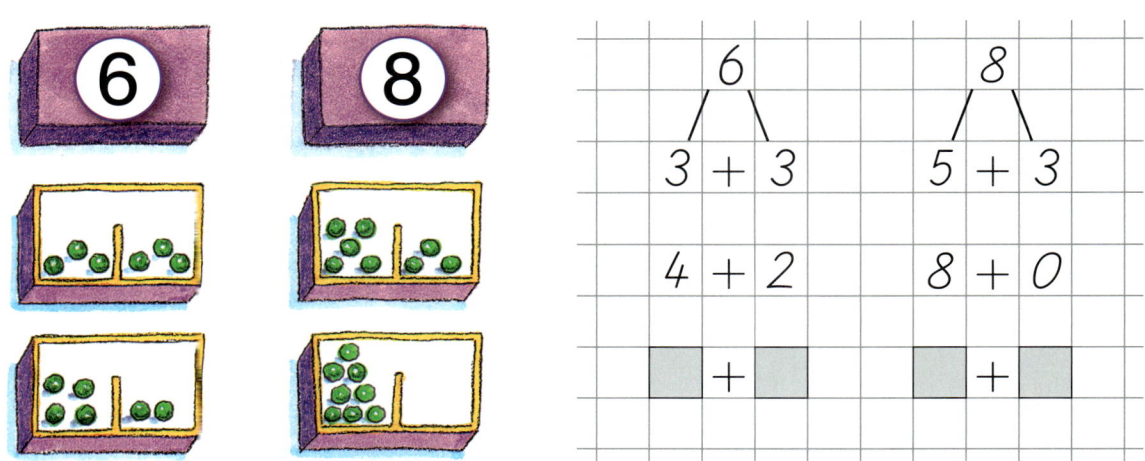

$$6$$
$$3 + 3$$
$$4 + 2$$
$$\square + \square$$

$$8$$
$$5 + 3$$
$$8 + 0$$
$$\square + \square$$

Wie viele Möglichkeiten findest du? Schreibe sie auf.

3 Schüttle auch diese Zahlen.

a) 5 $\square + \square$ ... + ...

b) 7

c) 3

d) 10

e) $?$

... ...

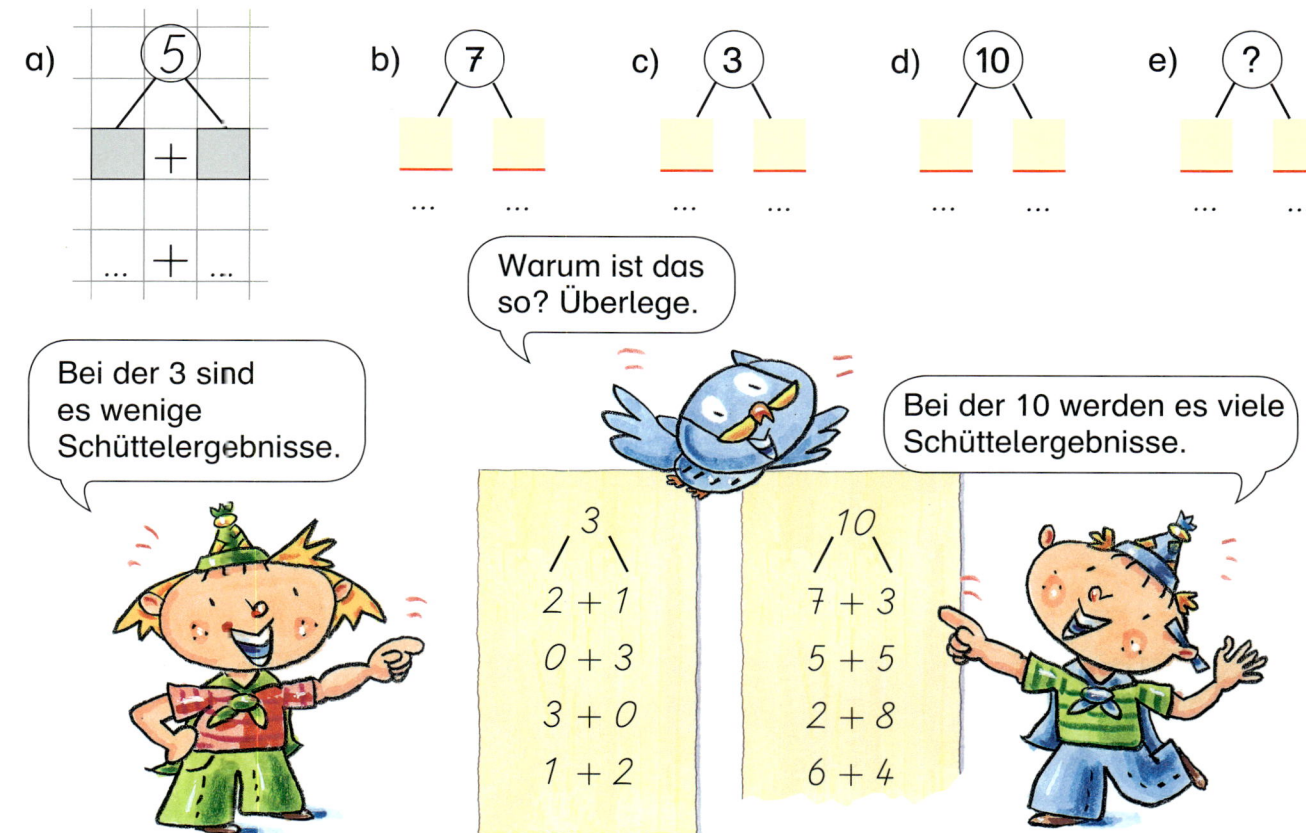

Warum ist das so? Überlege.

Bei der 3 sind es wenige Schüttelergebnisse.

Bei der 10 werden es viele Schüttelergebnisse.

$$3$$
$$2 + 1$$
$$0 + 3$$
$$3 + 0$$
$$1 + 2$$

$$10$$
$$7 + 3$$
$$5 + 5$$
$$2 + 8$$
$$6 + 4$$

4

4
••	
••	•
••	••
•	••
	•••

4
4 + 0
3 + 1
2 +
+
+

Ich habe alle Schüttelergebnisse.

Stimmt das?
Was hat Eulalia gemacht?

5 Immer 5. Ordne die Ergebnisse und schreibe sie auf.

$$5$$
$$0 + 5$$
$$\square + \square$$

6 Ordne auch die Schüttelergebnisse von
6, 7, 8, 9 und 10.

$$6$$
$$0 + 6$$
$$\square + \square$$

$$7$$
$$0 + 7$$
$$\square + \square$$

Das werden aber viele Schüttelergebnisse.

⭐ Stimmt das?

7 Ordne zu.

$$9$$
$$6 + 3$$

$$6$$
$$\square + \square$$

9 10

6 4

7 8

1 Wie viele sind es?

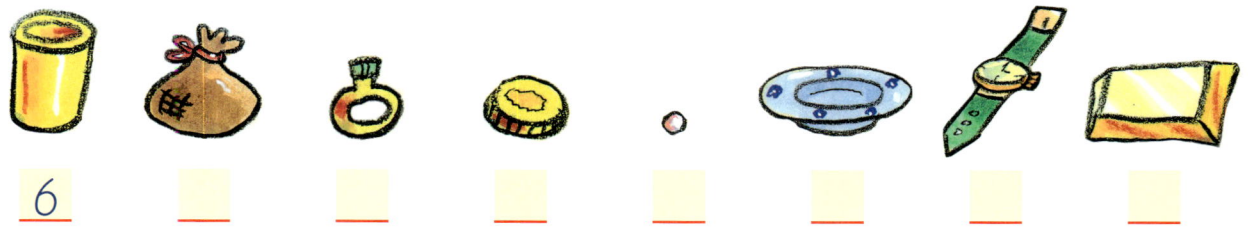

6 ___ ___ ___ ___ ___ ___ ___

2 Zähle jetzt.
Warum geht es schneller?

3 Zähle mit einem Blick.

Lege Plättchen so, dass dein Partner mit einem Blick zählen kann.

4 Ein Schlüssel – mehrere Kisten. Zeichne ins Heft.

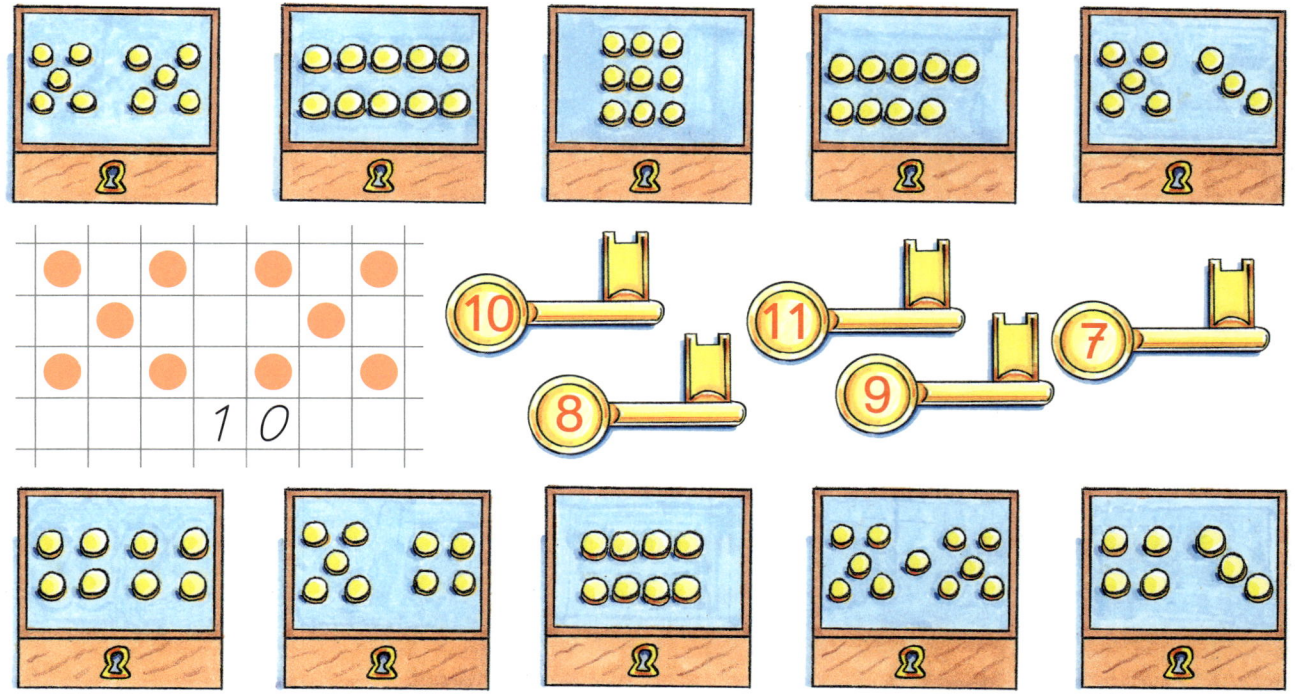

5 Ein Schlüssel – 2 Kisten. Zeichne ins Heft.

15

1 Erkennst du 5, 10, 15 blitzschnell?

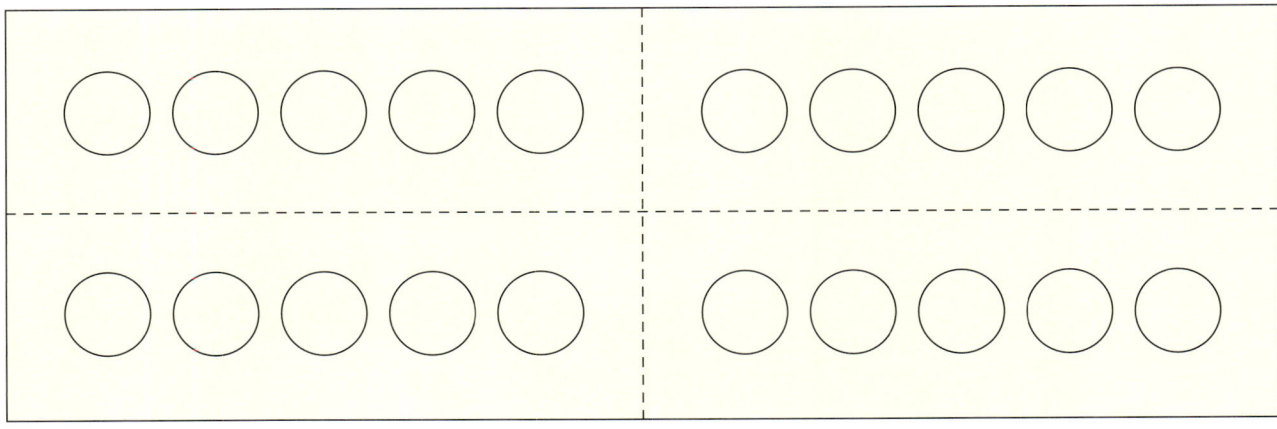

Lege   5 am Zwanzigerfeld.
Lege 10 am Zwanzigerfeld.

2 Lege auch andere Zahlen so, dass du sie blitzschnell erkennen kannst.
Erkläre wie Simsala:

Es sind 6,
5 und 1!

Zeichne sie in dein Heft.

3 Zahlen ⚡-schnell erkennen: Schreibe auf. Erkläre wie Simsala.

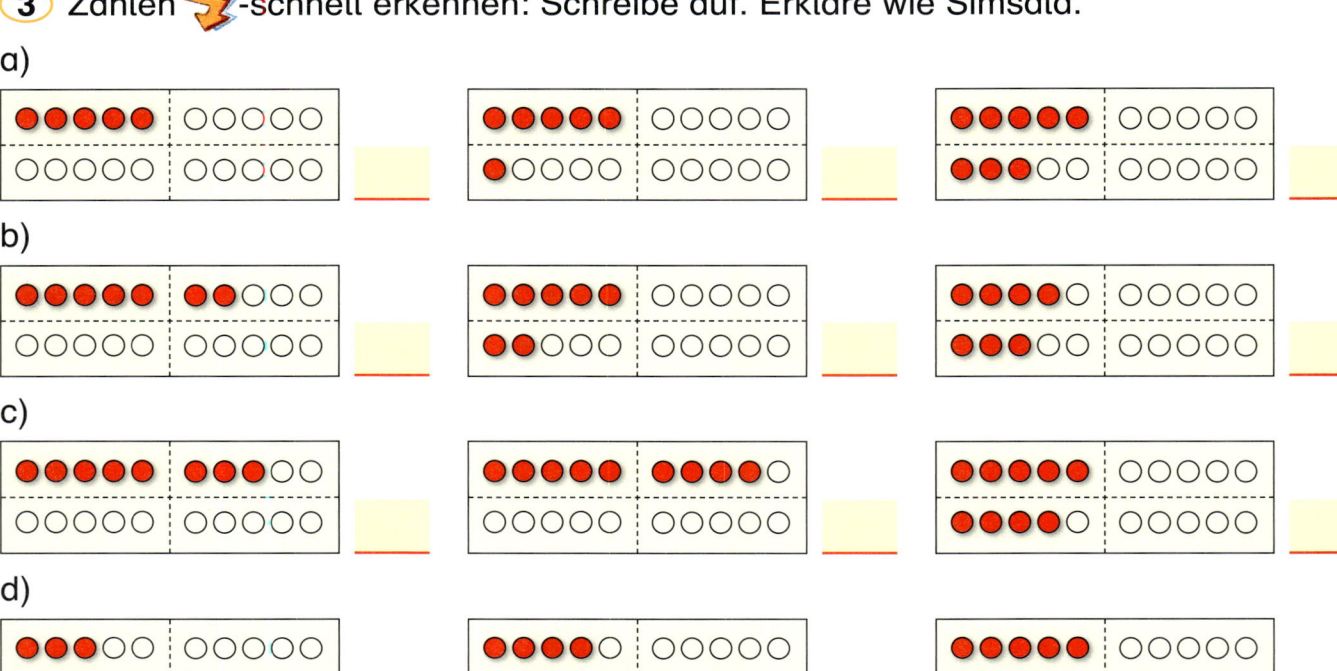

a)

b)

c)

d)

16

4 Spielt: „Blitzlesen".

Welche Zahl siehst du?

Ich sehe 8, 5 und 3!

5 10 in einer Reihe. Wie viele Plättchen sind verdeckt? Erkläre wie Simsala.

Ich sehe nur 7, 3 sind verdeckt!

a)

b)

c)

Spielt zusammen: Plättchen verdecken.

Spielt auch mit 20 Plättchen.

6 Wie viele Felder verdeckt Bim?

Spielt zusammen: Felder verdecken.

1 Immer 10.
Spiele mit deinem Partner.

Nenne die fehlende Zahl,
ohne zu zählen.

2 Zerlegungen ordnen.
Schreibe alle Aufgaben
in dein Heft.

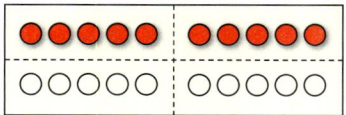
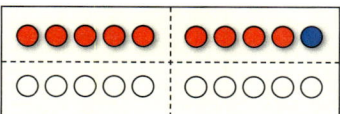
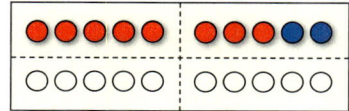

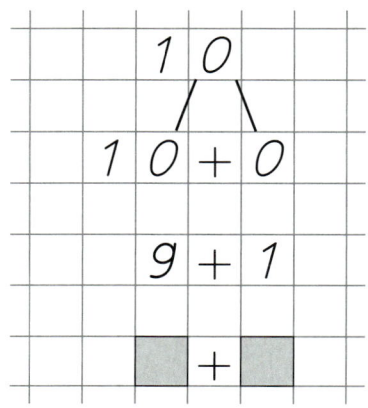

3 Immer 10. Welche Zahl fehlt?

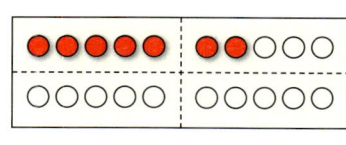
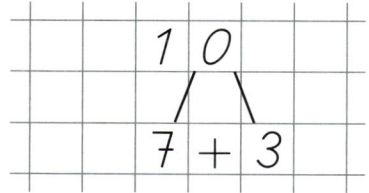

a)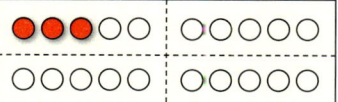

b)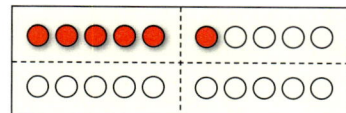

c)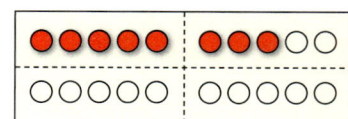

4 Immer 10: Viele Spiele

Schnapp die Zahl!

Gewonnen!

Fingerspiel

Zahlen nennen

6! Gewonnen!

7! Gewonnen!

5 a)

```
   10            10            10            10
  /  \          /  \          /  \          /  \
2 + ___      ___ + 6      ___ + 10      3 + ___
```

b)

```
   10            10            10            10
  /  \          /  \          /  \          /  \
1 + ___      ___ + 5      ___ + 8      0 + ___
```

```
        1   0
         \ /
    2 + ▨
```

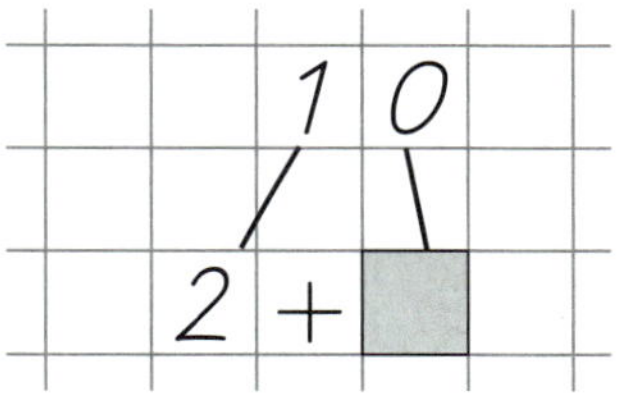

6 Schreibe die Zerlegungen der 10 auf.

1. Tipp: So kannst du ein Lernheft anlegen

– Trage alle Zerlegungen der 10 ein.

```
   10
 0 + 10
 1 +  9
 2 +  8
```

2. Tipp: Mit dem Lernheft üben

Übe alleine ...   ... oder mit einem Partner.

```
0 + 10
1 +  9
2 +  8
```

```
 10
0 +
1 +
2 +
```

4

4 + 6 = 10

1 Spielt das Streichelspiel.
Wo spürst du
die Feder?

Linkes Ohr

2 Rechts oder links?

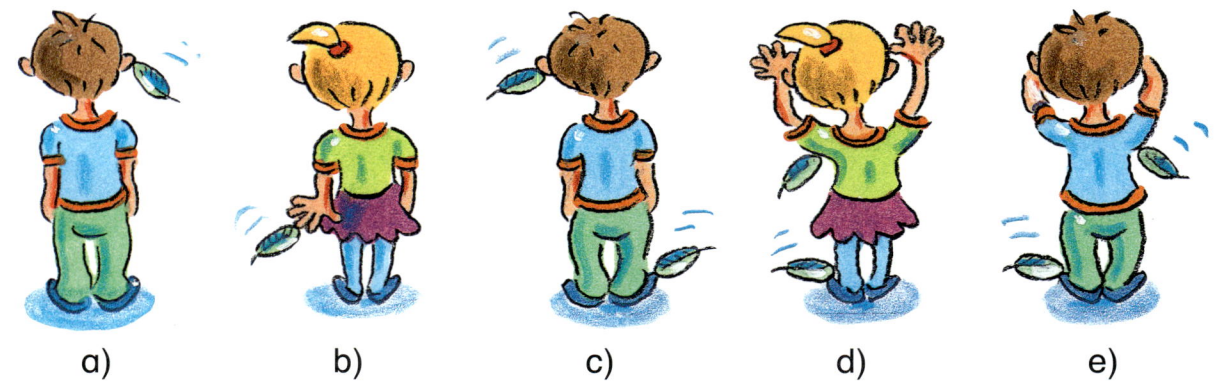

a)　　　　b)　　　　c)　　　　d)　　　　e)

3 Roboterspiel

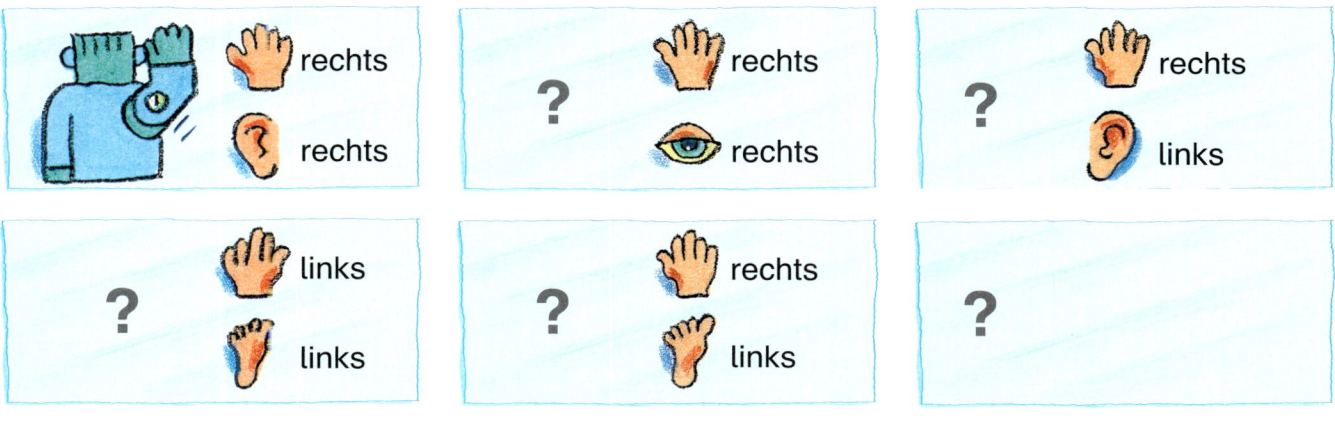

rechts
rechts

? rechts
rechts

? rechts
links

? links
links

? rechts
links

?

4 Linkshänder – Rechtshänder?

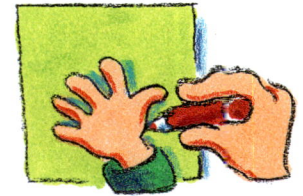

Umfahre.　　　　Schneide aus.　　　　Gestaltet ein Plakat.

 5 Das sind wir.

Malt euch auf weißes Papier. Schneidet euch aus.
Klebt alle Bilder auf ein großes Plakat.

6 Wer steht wo?

rechts neben   links neben   hinter   zwischen   vor   …

7 Aufgedeckt – schnell gemerkt – zugedeckt

8 Eckenkonzert

Die ☐ liegt …

21

Im Setzkasten ...

1

a) Was liegt **über ...?**

b) Was liegt **unter ...?**

c) Was liegt **zwischen ...?**

d) Was liegt **links neben ...?**

   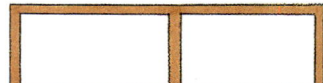

e) Was liegt **rechts neben ...?**

2 Zeichne deinen Setzkasten ins Heft.

Was sammelst du?

22

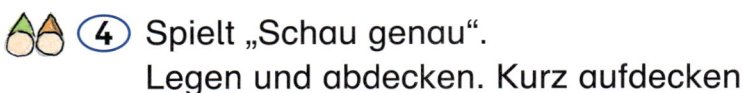

3 Einer legt und spricht. Einer zeichnet.

Walnuss in die Mitte!

4 Spielt „Schau genau".
Legen und abdecken. Kurz aufdecken.

Erinnerst du dich noch?

Der Pilz liegt links oben.

① Zahlen blitzschnell erkennen.

a)

b)

c)

② Finger-Blitzlesen

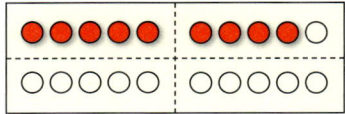

7

③ Zahlen zerlegen. Finde weitere Aufgaben.

a) Immer 6

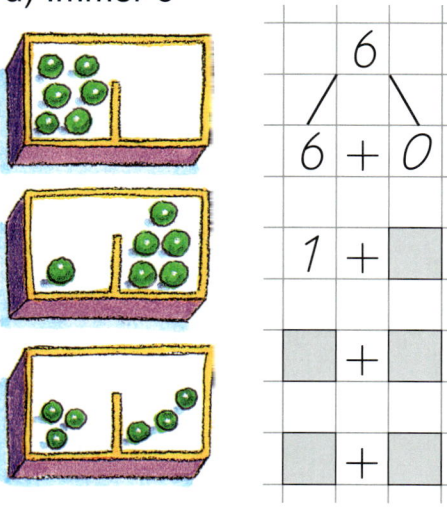

$$\begin{array}{c} 6 \\ \diagup \diagdown \\ 6 + 0 \\ 1 + \square \\ \square + \square \\ \square + \square \end{array}$$

…

b) Immer 9

…

c) Immer 7

…

Setze die Muster fort.
Achte auf die Farben.

24

4 Wie viele fehlen bis 10?

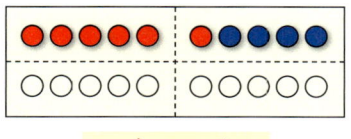

$6 + 4$

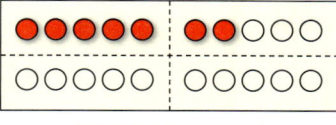

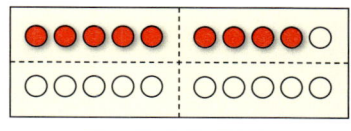

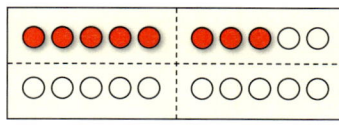

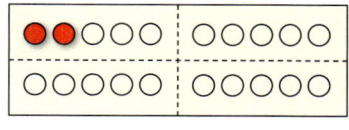

5

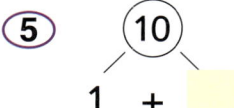

$1 +$ ___ $6 +$ ___ $0 +$ ___   ___ $+ 5$ ___ $+$ ___

6

Tipp: Mit dem Lernheft üben

alleine …   … oder mit einem Partner

1 + 4
2 + 3

6

6 = 0 + 6
6 = 1 + 5

Zu den Aufgaben, die du schon kannst, malst du ein ♥.

7 Bilddiktat

☀ in die Mitte.

1 Vergleicht.

„... hat **weniger** als ...“

„... hat **mehr** als ...“

„... hat **genauso viele** wie ...“

2 Nicht alle sind gleich groß.

a) Vergleicht auch in eurer Klasse.

Michael ist größer als Stefan.

„... ist **kleiner** als ...“

„... ist **gleich groß** wie ...“

„... ist **größer** als ...“

b)

Vater   Michael   Ina   Mutter   Vater   Mutter

3 Baut Türme und vergleicht. Sprecht und schreibt wie die Kinder.

Die Fünfertürme sind gleich groß.

5 ist gleich 5.

$5 = 5$

Der Viererturm ist kleiner.

4 ist kleiner als 6.

$4 < 6$

Der Sechserturm ist größer.

6 ist größer als 4.

$6 > 4$

4 a) 6 ◯ 4

7 ◯ 4

9 ◯ 1 0

b) 6 ◯ 8

5 ◯ 5

2 ◯ 1

c) 1 0 ◯ 1

8 ◯ 7

6 ◯ 3

⭐ d) 1 2 ◯ 2

9 ◯ 1 1

2 0 ◯ 1 6

5 Wie geht es weiter? Setze fort.

a) 3 ◯ 4

4 ◯ 4

5 ◯ 4

6 ◯ 4

__ ◯ __

b) 5 ◯ 1

5 ◯ 2

5 ◯ 3

5 ◯ 4

__ ◯ __

c) 0 ◯ 1

0 ◯ 2

0 ◯ 3

0 ◯ 4

__ ◯ __

d) 2 ◯ 3

3 ◯ 2

1 0 ◯ 8

8 ◯ 1 0

__ ◯ __

__ ◯ __

6 Zahlen raten:

Meine Zahl ist kleiner als 5.

Ja.

Nein.

Ist sie größer als 2?

Ist es 3?

Es ist ...

Spielt selbst „Zahlen raten".

Zahlen stechen

Gewonnen:
3 ist größer als 2.

$$3 > 2$$

1 Spielt mit Zahlenkarten.
Schreibt so auf:

Michael		Sophie
6	>	5
4	<	6
3	=	3

< ist **kleiner** als

= ist **gleich**

> ist **größer** als

2 Wer ist der Sieger?

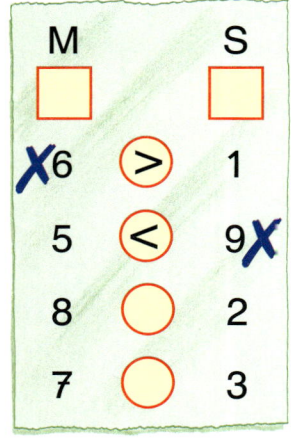

M		S
✗6	>	1
5	<	9✗
8	◯	2
7	◯	3

a)

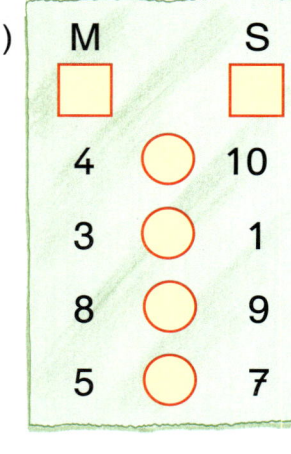

M		S
4	◯	10
3	◯	1
8	◯	9
5	◯	7

b)

M		S
5	◯	4
2	◯	3
8	◯	7
9	◯	10

c)

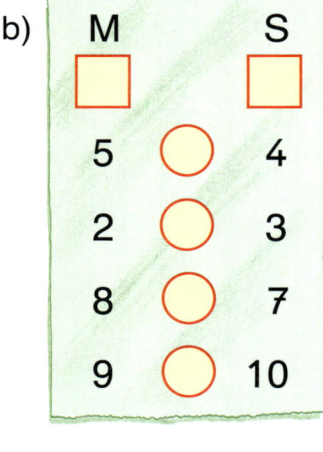

M		S
3	◯	2
2	◯	2
3	◯	8
1	◯	6

3 Wähle zwei Zahlen und vergleiche.

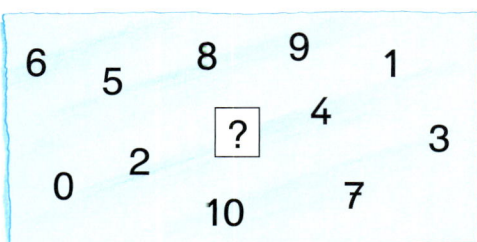

6   5   8   9   1

?   4

2   3

0   10   7

6	>	5
7	<	9

Das werden
viele Aufgaben!

28

Ich helfe dir. Ich schreibe so: ☐ < 3

Welche Karten verlieren gegen die 3?

4 Mit welchen Karten verlierst du gegen die ...?

a)
	7	
▨	<	7
▨	<	7

a) **7**
___ < 7
___ < 7
...

b) **9**
___ < 9
___ < 9
...

c) **8**
___ < 8
___ < 8
...

d) **?**
___ < ...
___ < ...
...

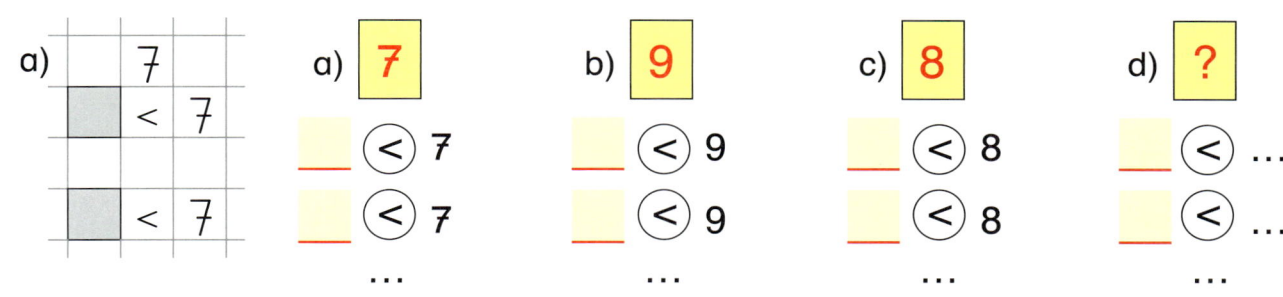

5 Mit welchen Karten gewinnst du gegen die ...?

a)
		3	
1	0	>	3
	▨	>	3

a) **3**
___ > 3
___ > 3
...

b) **6**
___ > 6
___ > 6
...

c) **8**
___ > 8
___ ◯
...

d) **?**
___ > ...
___ > ...
...

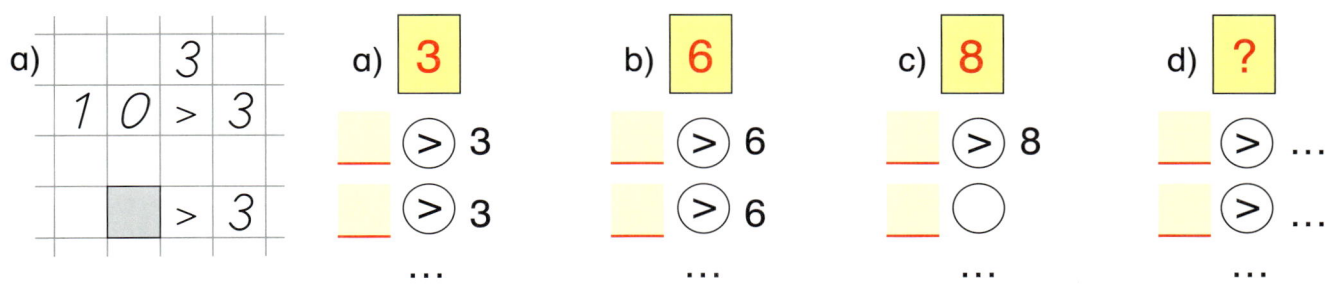

6 Finde eine passende Zahl.

a) ___ < 7
___ = 7
___ > 7

b) ___ = 8
___ > 8
___ < 8

c) ___ > 9
___ = 9
___ < 9

d) ___ < 5
___ > 5
___ = 5

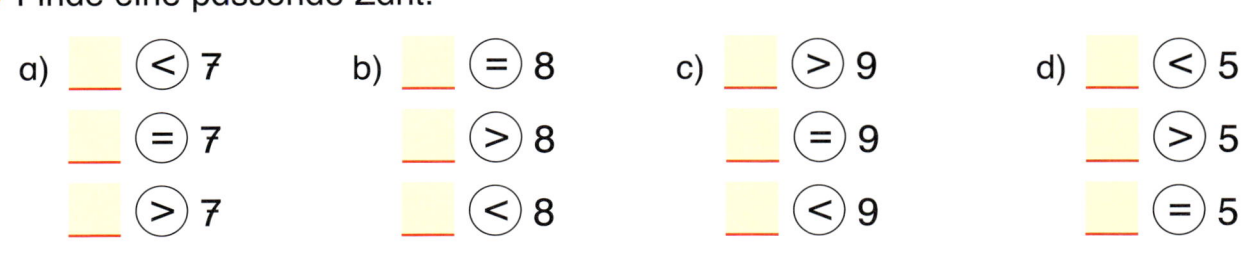

7 Kettenaufgaben: Finde passende Zahlen.

a)
| 6 | < | ▨ | < | 8 |
| 3 | < | ▨ | < | 5 |

b) 4 < ___ < ___ < ___ < 8
5 > ___ > ___ > ___ > 1

c) 7 < 8 < ___ < ___ ...
10 > ___ > ___ > ___ ...

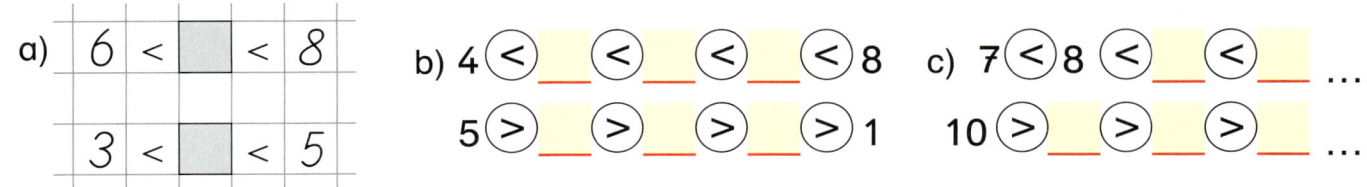

1 Dazulegen oder wegnehmen?

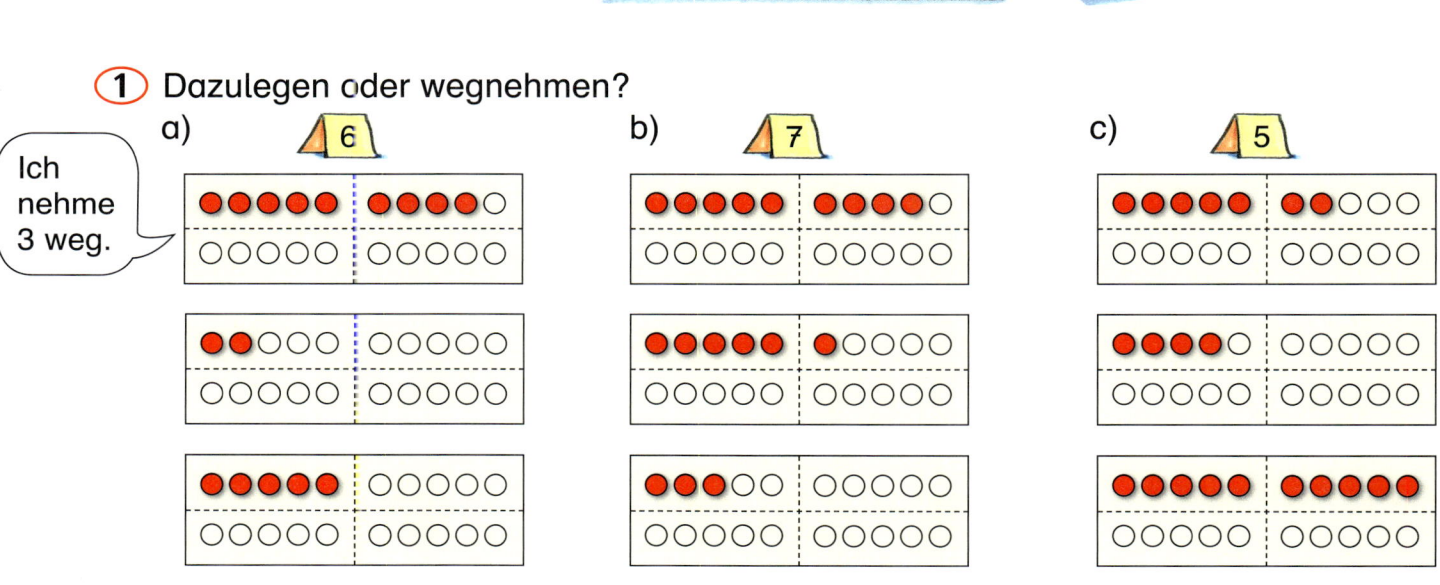

a) **6**

b) **7**

c) **5**

Ich nehme 3 weg.

2 Wie viele sind es dann?

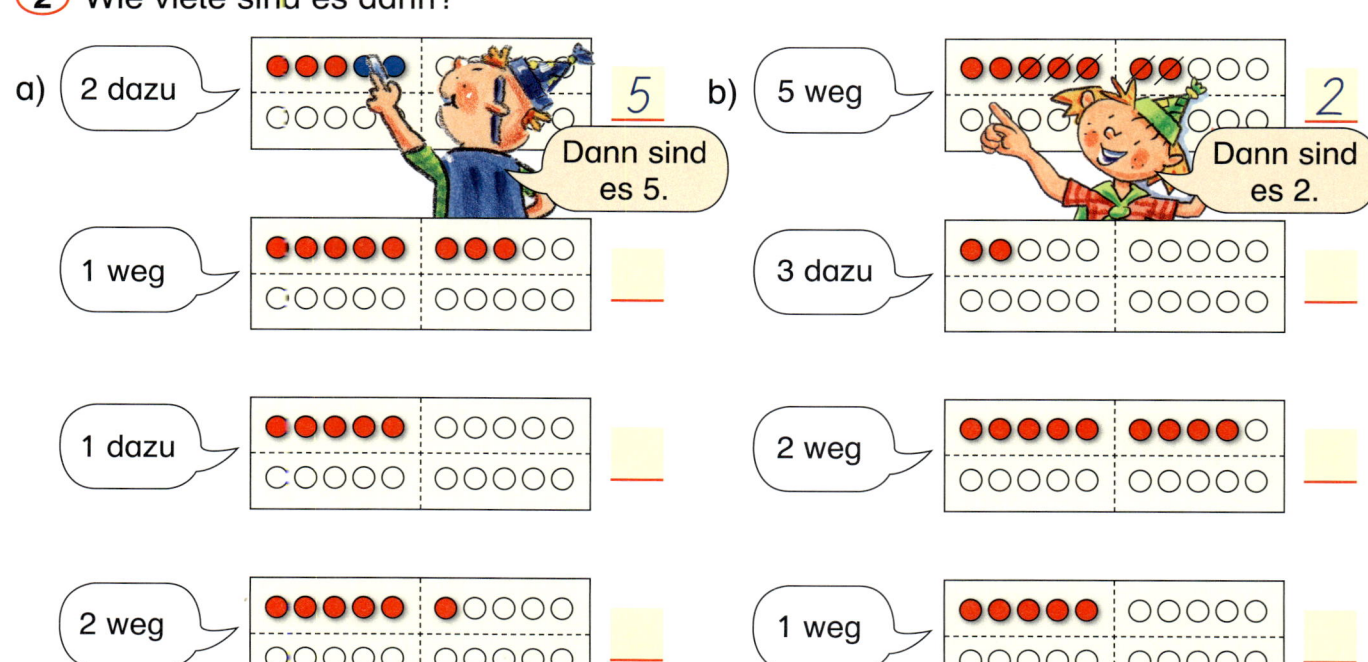

a) 2 dazu — Dann sind es 5. — **5**

1 weg

1 dazu

2 weg

b) 5 weg — Dann sind es 2. — **2**

3 dazu

2 weg

1 weg

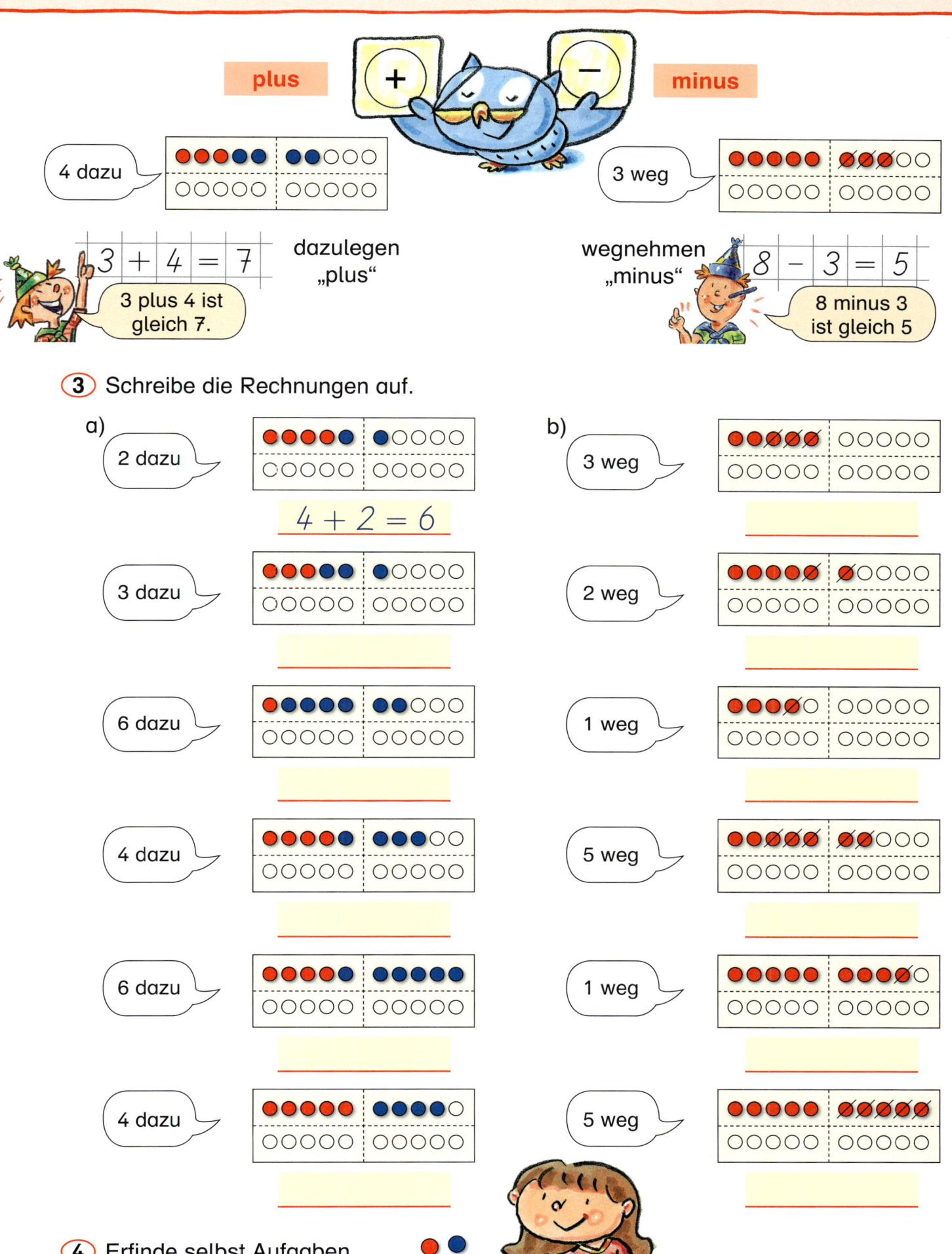

plus minus

4 dazu

3 weg

3 + 4 = 7   dazulegen „plus"

wegnehmen „minus"   8 − 3 = 5

3 plus 4 ist gleich 7.

8 minus 3 ist gleich 5

3 Schreibe die Rechnungen auf.

a)
2 dazu

4 + 2 = 6

3 dazu

6 dazu

4 dazu

6 dazu

4 dazu

b)
3 weg

2 weg

1 weg

5 weg

1 weg

5 weg

4 Erfinde selbst Aufgaben. Schreibe sie auf.

⊕ und ⊖ rechnen

1 Lege Plusaufgaben.

$4 + 2 =$ ___

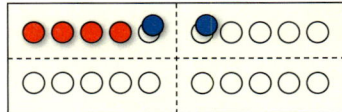

Ich kontrolliere mit Plättchen.

a) $4 + 1 =$ ___

$7 + 2 =$ ___

$3 + 1 =$ ___

$4 + 5 =$ ___

b) $3 + 2 =$ ___

$5 + 1 =$ ___

$2 + 5 =$ ___

$4 + 0 =$ ___

c) $1 + 1 =$ ___

$4 + 0 =$ ___

$2 + 5 =$ ___

$6 + 3 =$ ___

d) $5 + 3 =$ ___

$2 + 3 =$ ___

$4 + 0 =$ ___

$3 + 1 =$ ___

2 „Schöne Minusreihen": Was fällt dir auf? Wie geht es weiter?

a)
8	$-$	3	$=$	
7	$-$	3	$=$	
6	$-$	3	$=$	
...	$-$	...	$=$	

b) $5 - 4 =$ ___

$6 - 4 =$ ___

$7 - 4 =$ ___

$8 - 4 =$ ___

...

c) $6 - 5 =$ ___

$7 - 6 =$ ___

$8 - 7 =$ ___

$9 - 8 =$ ___

...

d) $8 - 1 =$ ___

$8 - 2 =$ ___

$8 - 3 =$ ___

$8 - 4 =$ ___

...

3 Achte auf das Rechenzeichen.

a) $5 - 3 =$ ___

$5 + 3 =$ ___

$6 + 1 =$ ___

$6 - 1 =$ ___

b) $2 + 4 =$ ___

$4 - 2 =$ ___

$3 + 6 =$ ___

$6 - 3 =$ ___

c) $1 + 5 =$ ___

$3 + 3 =$ ___

$5 - 1 =$ ___

$3 - 3 =$ ___

d) $2 + 2 =$ ___

$2 - 2 =$ ___

$3 + 0 =$ ___

$3 - 0 =$ ___

4 Bilde aus diesen Zahlen möglichst viele Rechnungen. Schreibe sie auf.

a)

 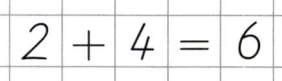

$2 + 4 = 6$

b)

 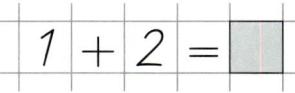

$1 + 2 =$

7 sind es.
4 sollen es werden. Also …

(5) ⊕ oder ⊖?

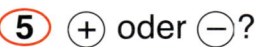

7 $- 3$ = 4

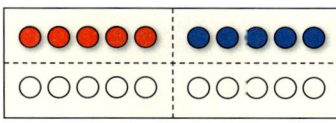

5 $+ 5$ = 10

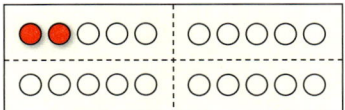

2 ____ = 6

4 ____ = 3

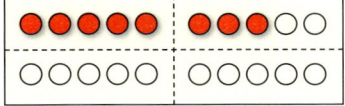

8 ____ = 3

6 ____ = 9

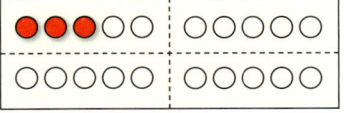

3 ____ = 0

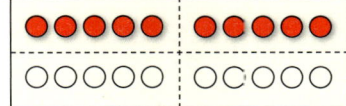

10 ____ = 7

(6) a)

4 ____ = 9	2 ____ = 3
6 ____ = 2	5 ____ = 8
7 ____ = 5	1 ____ = 4
8 ____ = 8	5 ____ = 7
9 ____ = 3	4 ____ = 2

b)

6 ____ = 8	3 ____ = 9
3 ____ = 4	7 ____ = 2
1 ____ = 1	7 ____ = 8
5 ____ = 3	3 ____ = 8
10 ____ = 8	9 ____ = 10

c)

8 ____ = 9	3 ____ = 3
6 ____ = 2	5 ____ = 8
8 ____ = 5	7 ____ = 4
8 ____ = 8	9 ____ = 7
5 ____ = 3	1 ____ = 2

d)

5 ____ = 10	8 ____ = 2
6 ____ = 10	7 ____ = 2
7 ____ = 10	6 ____ = 2
____	____
____	____

Würfeln

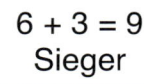

 1 Würfelt und schreibt auf. Wer gewinnt?

2 Rechne.

6 + 1 = 7 ✓	3 + 2 = 5
5 + 1 = ___	4 + 3 = ___
4 + 4 = ___	___ + ___ = ___
___ + ___ = ___	___ + ___ = ___
___ + ___ = ___	___ + ___ = ___

Wer hat gewonnen?

3 Rechne. Wer ist Sieger?

a)

3 + 6 = ___	5 + 2 = ___
4 + 5 = ___	4 + 1 = ___
6 + 1 = ___	6 + 6 = ___
4 + 3 = ___	5 + 5 = ___
1 + 6 = ___	2 + 4 = ___

b)

2 + 3 = ___	3 + 5 = ___
5 + 3 = ___	2 + 1 = ___
1 + 4 = ___	4 + 4 = ___
3 + 4 = ___	5 + 6 = ___
2 + 6 = ___	6 + 2 = ___

Was stimmt denn nun?

6 + 2 = ...

2 + 6 = ...

2 + 6

6 + 2

4 Bilde Aufgabe und Tauschaufgabe.

5 + 1 = ___   ___ + ___ = ___   ___ + ___ = ___

1 + 5 = ___   ___ + ___ = ___   ___ + ___ = ___

___ + ___ = ___   ___ + ___ = ___   ___ + ___ = ___

___ + ___ = ___   ___ + ___ = ___   ___ + ___ = ___

5 Rechne und schreibe die Tauschaufgabe.

a)

1	+	6	=	
6	+	1	=	
2	+	5	=	
5	+	2	=	

a) 1 + 6 = ___   b) 4 + 6 = ___   c) 1 + 5 = ___

2 + 5 = ___   4 + 5 = ___   2 + 5 = ___

3 + 4 = ___   4 + 4 = ___   3 + 5 = ___

... + ... = ___   ... + ... = ___   ... + ... = ___

... + ... = ___   ... + ... = ___   ... + ... = ___

Welche Aufgaben rechnest du schneller?

6 3 Würfel – es gibt viele Möglichkeiten.

a) 1 + 6 + 2 = ___   b) 1 + 2 + 3 = ___   c) 5 + 4 + 3 = ___

6 + 1 + 2 = ___   2 + 1 + 3 = ___   4 + 3 + 5 = ___

2 + 6 + 1 = ___   3 + 2 + 1 = ___   3 + 5 + 4 = ___

___ + ___ + ___ = ___   ___ + ___ + ___ = ___   ___ + ___ + ___ = ___

35

Kegeln

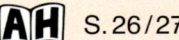

Alle Neun!

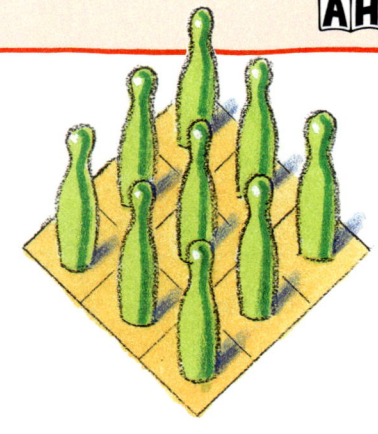

① Kegelt und schreibt auf.

$9 - 7 = 2$

$9 - \boxed{} = \boxed{}$

② Wie wurde hier gekegelt?

$9 - 7 = \boxed{}$

$\boxed{} - \boxed{} = \boxed{}$

$\boxed{} - \boxed{} = \boxed{}$

$\boxed{} - \boxed{} = \boxed{}$

$\boxed{} - \boxed{} = \boxed{}$

$\boxed{} - \boxed{} = \boxed{}$

③ Minusaufgaben – fast wie beim Kegeln

$9 - 3 =$	$9 - 5 =$	$9 - 1 =$	$9 - 8 =$
$6 - 2 =$	$4 - 1 =$	$8 - 2 =$	$1 - 0 =$
$4 - 3 =$	$3 - 3 =$	$6 - 3 =$	$1 - 1 =$
$1 - 1 =$		$3 - 3 =$	

 Was fällt dir auf?

36

4 Die Kegel werden wieder aufgestellt.

  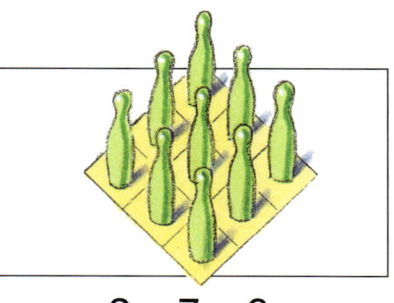

9 − 7 = 2   2 + 7 = 9

Aufgabe und
Umkehraufgabe

9 − 3 = __   __ + 3 = 9

9 − 6 = __   __ + 6 = 9

9 − __ = __   __ + __ = 9

9 − __ = __   __ + __ = 9

5 Schreibe die Aufgabe und die Umkehraufgabe in dein Heft.

9 − 5 = 4   4 + 5 = 9

a) 9 − 4 = __
   7 − 3 = __
   6 − 1 = __
   4 − 2 = __

b) 7 − 2 = __
   5 − 4 = __
   8 − 3 = __
   3 − 1 = __

c) 8 − 7 = __
   6 − 4 = __
   9 − 6 = __
   10 − 7 = __

d) 7 − 7 = __
   8 − 2 = __
   10 − 4 = __
   9 − 6 = __

6 3 + 6 = 9   9 − 6 = 3

Die Umkehraufgabe
zur Plusaufgabe ist
eine Minusaufgabe.

Schreibe wieder Aufgabe und Umkehraufgabe in dein Heft.

a) 6 + 2 = __
   1 + 5 = __
   4 + 3 = __
   5 + 4 = __

b) 7 + 1 = __
   3 + 5 = __
   2 + 7 = __
   6 + 1 = __

c) 3 + 4 = __
   2 + 3 = __
   5 + 2 = __
   1 + 8 = __

d) 8 + 2 = __
   7 + 3 = __
   6 + 4 = __
   3 + 5 = __

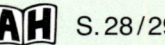
 Alles Gute zum Geburtstag …

1 Erzähle und rechne.

 Es sind 4 Ballons. Lisa hängt noch 2 auf.

$4 + 2 = $

2 Erzähle und rechne.

a)

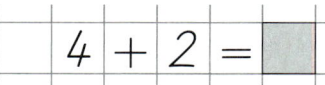

| 2 | + 3 | = | |

b)

| 5 | – | = | |

c)

3 Was ist passiert? Erzähle und rechne.

a)

$$\underline{5} \quad \underline{-} \quad = \quad \underline{3}$$

b)

___ + ___

c)

___ ___ ___

d)

___ ___ ___

e)

___ ___ ___

f)

___ ___ ___

g)

___ ___ ___

h)

___ ___ ___

4 Male oder schreibe passende Geschichten. Rechne aus.

a) $9 - 3 =$ ___
   $7 - 5 =$ ___
   $5 + 2 =$ ___
   $1 + 5 =$ ___

b) 1 ___ $= 5$
   3 ___ $= 8$
   7 ___ $= 4$
   10 ___ $= 7$

c) 6 ___ $= 2$
   5 ___ $= 9$
   10 ___ $= 6$
   10 ___ $= 10$

Sach-
aufgaben

Die Klasse 1a bereitet einen Adventskalender vor.

1. Wie viele Bilder müssen die Kinder noch malen?

2. Welches Bild gehört zum Nikolaustag, welches zum Heiligen Abend? ...

3. Was fehlt noch auf den Bildern, damit es ein Kalender wird?

Sechster Dezember: Nikolaus – das passt.

Warum sagst du sechster, da steht doch sechs!

4 Erzähle wie Simsala.

Die Glocke gehört zum …

Erster Dezember schreibt man kurz 1. Dezember.

5

4. Dezember   ___ Dezember   ___ Dezember   ___ Dezember   ___ Dezember

6 Erzähle:

1. Advent   ___ Advent   ___ Advent   ___ Advent

7 Gestaltet einen Kalender.

① Rechengeschichten sind
   überall. Erzähle.

② Schreibe zu jedem Stand
   eine Rechnung.

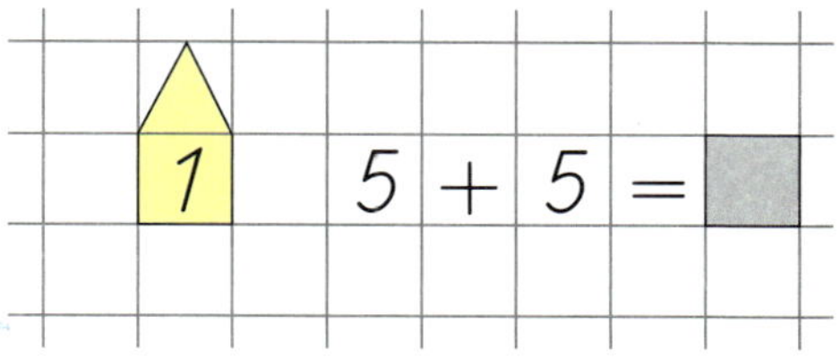

	△				
	1	5	+	5	= ▢

③ Schreibe eine Rechnung.

a)
Opa kauft 5 ✳
für Oma und 3 ✳
für Mama.

5 + ___ = ___

b)
Opa will 10 🔴
für seinen 🎄.
Er hat aber nur 3 🔴.

c)
Oma kauft 8 🎁.
Sie isst 2 auf.

d)
Franz hat 4 👼.
Er kauft noch 3.

e)
In der Tüte sind 10 🌰.
Lisa isst 4.

f)
Im 🚌 sind 12 👤.
5 steigen aus.

 ④ Erfinde eine Rechengeschichte.

Plusaufgaben bis 10

+0	+1	+2	+3	+4
0 + 0 =	0 + 1 =	0 + 2 =	0 + 3 =	0 + 4 =
1 + 0 =	1 + 1 =	1 + 2 =	1 + 3 =	1 + 4 =
2 + 0 =	2 + 1 =	2 + 2 =	2 + 3 =	2 + 4 =
3 + 0 =	3 + 1 =	3 + 2 =	3 + 3 =	3 + 4 =
4 + 0 =	4 + 1 =	4 + 2 =	4 + 3 =	4 + 4 =
5 + 0 =	5 + 1 =	5 + 2 =	5 + 3 =	5 + 4 =
6 + 0 =	6 + 1 =	6 + 2 =	6 + 3 =	6 + 4 =
7 + 0 =	7 + 1 =	7 + 2 =	7 + 3 =	
8 + 0 =	8 + 1 =	8 + 2 =		
9 + 0 =	9 + 1 =			
10 + 0 =				

1 Welche Plusaufgaben sind für dich leicht? Rechne sie zuerst.

2 Rechne alle Aufgaben in diesen Türmen.

+1

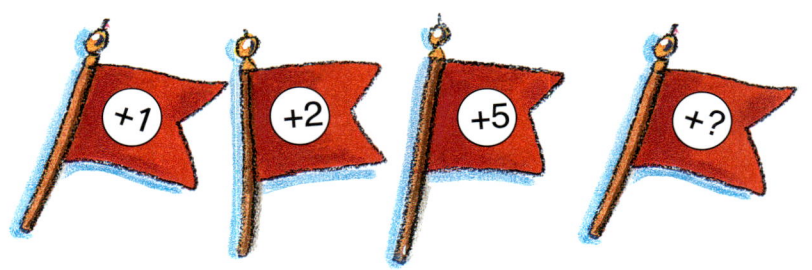

0 + 1 = 1

1 + 1 = 2

3 Findest du auch alle Aufgaben mit 5+, 8+, 3+? Rechne sie aus.

4 Manche Aufgaben sind rot umrandet. Rechne sie aus. Was fällt dir auf?

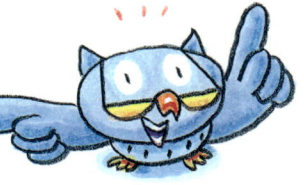

Diese Aufgaben musst du dir gut merken.

5 Manche Aufgaben sind grün umrandet. Rechne sie aus. Was fällt dir auf?

6 Schreibe die roten und grünen Aufgaben in dein Lernheft.

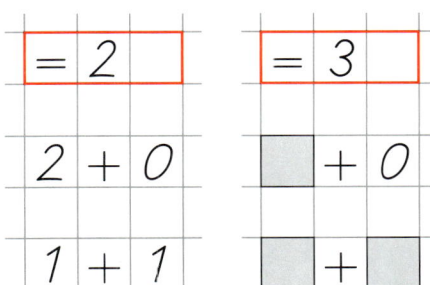

Flags: +5 +6 +7 +8 +9 +10

0 + 5 =	0 + 6 =	0 + 7 =	0 + 8 =	0 + 9 =	0 + 10 =
1 + 5 =	1 + 6 =	1 + 7 =	1 + 8 =	1 + 9 =	
2 + 5 =	2 + 6 =	2 + 7 =	2 + 8 =		
3 + 5 =	3 + 6 =	3 + 7 =			
4 + 5 =	4 + 6 =				
5 + 5 =					

Warum werden das immer weniger Aufgaben?

7 Nachbarn gesucht. Wie geht es weiter?

3 + 2 = | 3 + 3 = | ___ + ___ =   2 + 6 = | ___ + ___ = | ___ + ___ =

5 + 1 = | ___ + ___ = | ___ + ___ =   ___ + ___ = | ___ + ___ = | ___ + ___ =

8 Nachbarn links und Nachbarn rechts

___ + ___ = | 4 + 2 = | ___ + ___ =   ___ + ___ = | 5 + 3 = | ___ + ___ =

___ + ___ = | 2 + 7 = | ___ + ___ =   ___ + ___ = | 4 + 4 = | ___ + ___ =

9 Finde alle Aufgaben zu diesen Ergebnissen.

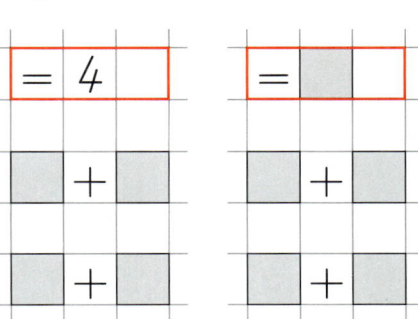

= 2   = 3   = 4   = ☐

2 + 0   ☐ + 0   ☐ + ☐   ☐ + ☐

1 + 1   ☐ + ☐   ☐ + ☐   ☐ + ☐

Wo findest du sie in den Türmen? Kannst du das erklären?

⭐ **10** Findest du auch Aufgaben, die etwas gemeinsam haben? Schreibe auf.

−0	−1	−2	−3	−4
0 − 0 =				
1 − 0 =	1 − 1 =			
2 − 0 =	2 − 1 =	2 − 2 =		
3 − 0 =	3 − 1 =	3 − 2 =	3 − 3 =	
4 − 0 =	4 − 1 =	4 − 2 =	4 − 3 =	4 − 4 =
5 − 0 =	5 − 1 =	5 − 2 =	5 − 3 =	5 − 4 =
6 − 0 =	6 − 1 =	6 − 2 =	6 − 3 =	6 − 4 =
7 − 0 =	7 − 1 =	7 − 2 =	7 − 3 =	7 − 4 =
8 − 0 =	8 − 1 =	8 − 2 =	8 − 3 =	8 − 4 =
9 − 0 =	9 − 1 =	9 − 2 =	9 − 3 =	9 − 4 =
10 − 0 =	10 − 1 =	10 − 2 =	10 − 3 =	10 − 4 =

1 Schau auf die Türme. Welche ⊖ Aufgaben sind für dich leicht?
Rechne sie zuerst.

2 Rechne alle Aufgaben in diesen Türmen.

3 Findest du auch alle Aufgaben mit | 5 − |, | 8 − |, | 3 − |?
Rechne sie aus.

4 Manche Aufgaben sind rot umrandet.
Rechne sie aus. Was fällt dir auf?

5 Manche Aufgaben sind grün umrandet.
Rechne sie aus. Was fällt dir auf?

> Diese Aufgaben musst du dir gut merken.

6 Schreibe die roten und die grünen Aufgaben in dein Lernheft.

7 Nachbarn gesucht. Wie geht es weiter?

10 − 5 = ___	10 − 6 = ___	___ − ___ = ___		8 − 6 = ___	___ − ___ = ___	___ − ___ = ___
7 − 0 = ___	___ − ___ = ___	___ − ___ = ___		___ − ___ = ___	___ − ___ = ___	___ − ___ = ___

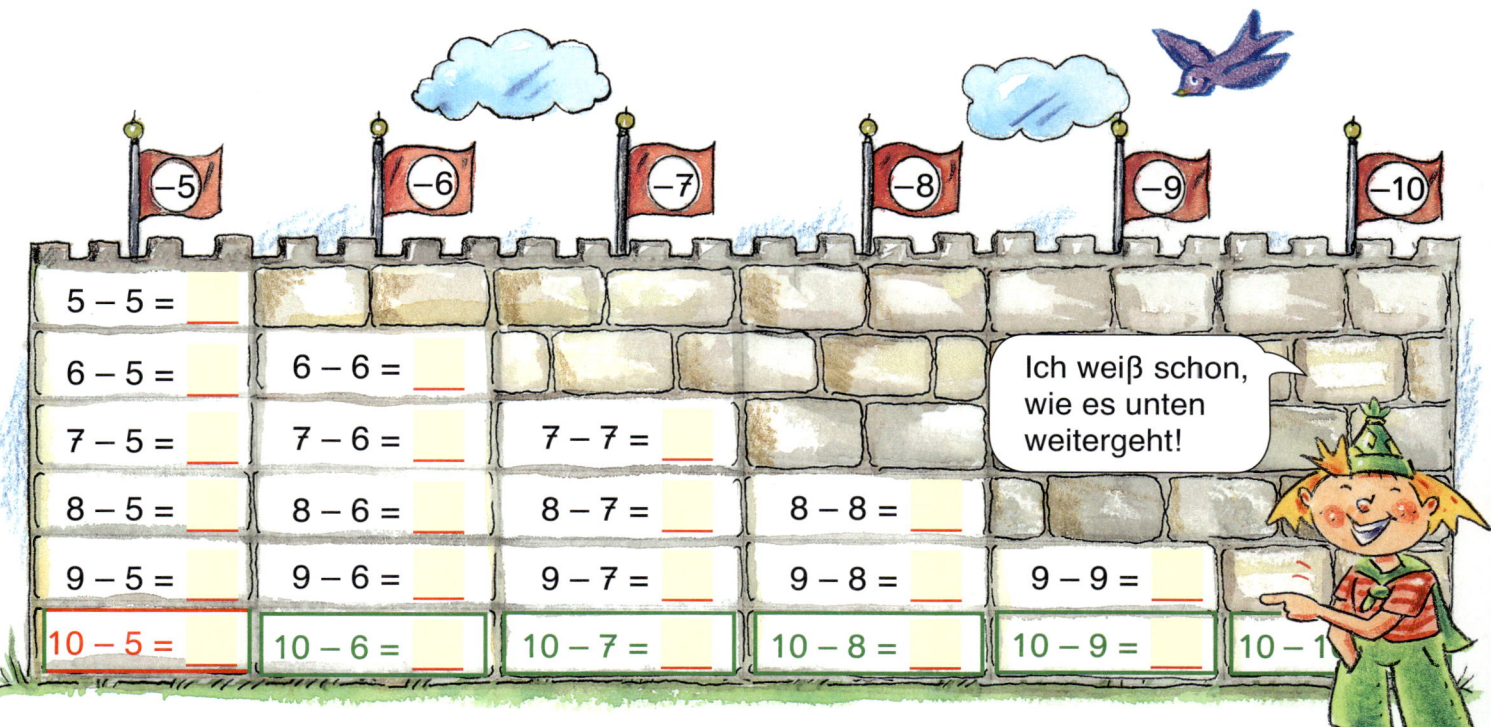

Flags: −5 −6 −7 −8 −9 −10

5 − 5 =					
6 − 5 =	6 − 6 =				
7 − 5 =	7 − 6 =	7 − 7 =			
8 − 5 =	8 − 6 =	8 − 7 =	8 − 8 =		
9 − 5 =	9 − 6 =	9 − 7 =	9 − 8 =	9 − 9 =	
10 − 5 =	10 − 6 =	10 − 7 =	10 − 8 =	10 − 9 =	10 − 1...

Sprechblase: Ich weiß schon, wie es unten weitergeht!

8 Nachbarn links und Nachbarn rechts.

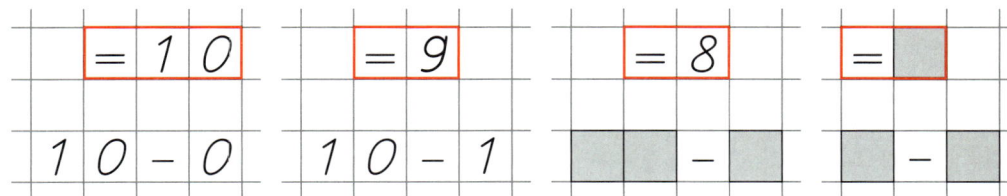

___ − ___ = ___	7 − 2 = ___	___ + ___ = ___		___ − ___ = ___	9 − 7 = ___	___ − ___ = ___
___ − ___ = ___	8 − 3 = ___	___ + ___ = ___		___ − ___ = ___	7 − 6 = ___	___ − ___ = ___

9 Finde alle Aufgaben zu diesen Ergebnissen.

Sprechblase: Wo findest du sie in den Türmen? Kannst du das erklären?

= 10   = 9   = 8   =

10 − 0   10 − 1   ___ − ___   ___ − ___

10 Findest du auch Aufgaben, die etwas gemeinsam haben? Schreibe sie auf.

2 Plusaufgaben.

2 Minusaufgaben

① Lege die Karten wie Simsala und Bim.
Schreibe die Rechnungen auf.

a)

| 4 | 9 | 5 |

$4 + 5 = \underline{}$

$5 + \underline{} = \underline{}$

$9 - \underline{} = \underline{}$

$9 - \underline{} = \underline{}$

b)

| 8 | 3 | 5 |

$3 + 5 = \underline{}$

$5 + \underline{} = \underline{}$

$8 - \underline{} = \underline{}$

$8 - \underline{} = \underline{}$

c)

| 6 | 2 | 4 |

$2 + 4 = \underline{}$

$4 + \underline{} = \underline{}$

$6 - \underline{} = \underline{}$

$6 - \underline{} = \underline{}$

② Schreibe die Rechnungen in dein Heft.

a)

9	2	7
2	5	7
6	10	4
8	1	7

b)

1	2	3
8	6	2
6	1	5
6	1	7

 c)

10	7	3
11	9	2
6	11	5
5	12	7

d) Deine Zahlen: | ? | ? | ? |

3 3 Zahlen – wie viele Aufgaben?

a)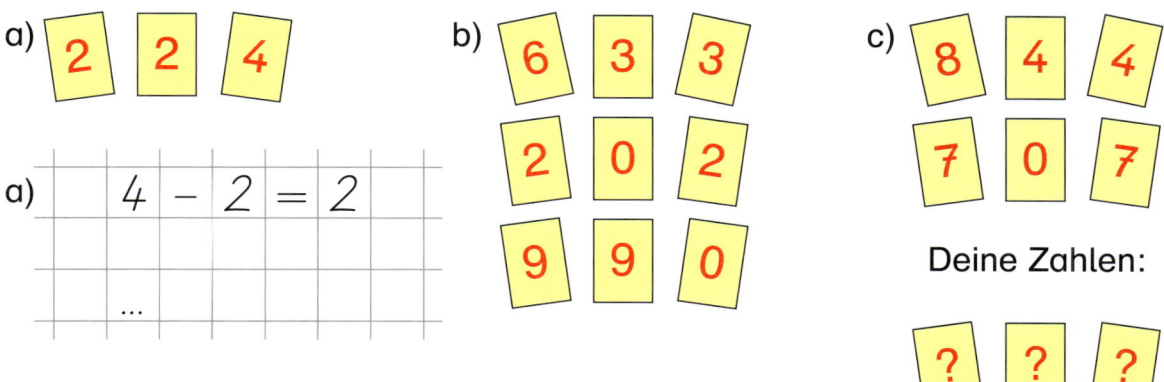

a)

	4	–	2	=	2	
	...					

b)

6	3	3
2	0	2
9	9	0

c)

8	4	4
7	0	7

Deine Zahlen:

?	?	?

4 Wie heißt die dritte Karte? Es gibt immer 2 Möglichkeiten. Erkläre.

7	?	3

10 passt.

4 auch.

2	?	8
3	4	?
?	1	9
5	2	?

⭐ **5** Sind die 3 Zahlen richtig gewählt?
Ändere die Zahlen so, dass 4 Rechnungen möglich sind.

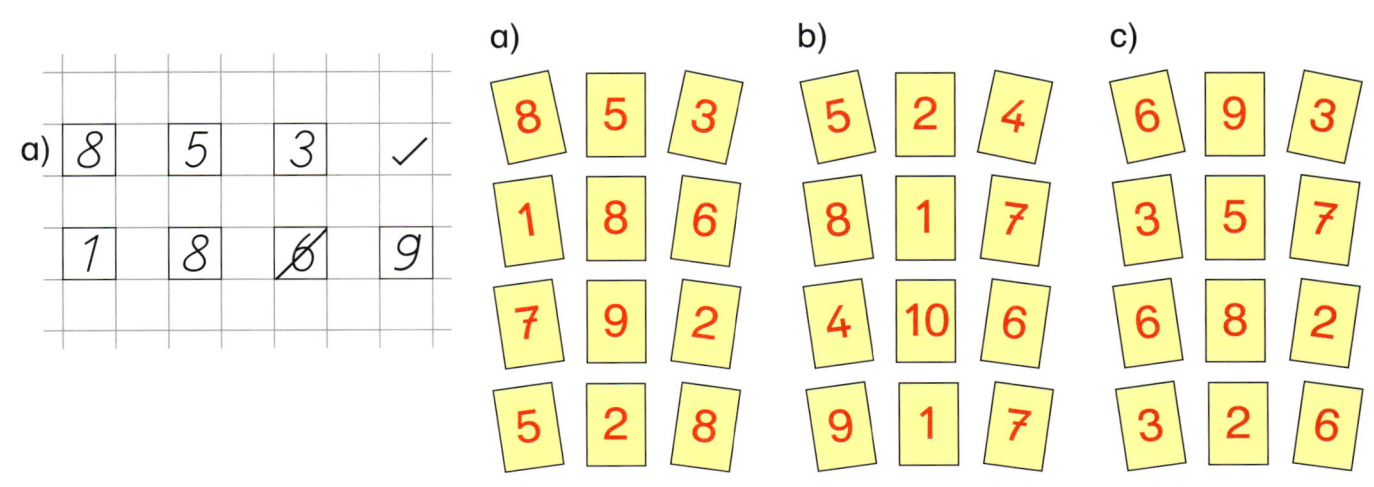

a)

8	5	3	✓
1	8	6̷	9

a)

8	5	3
1	8	6
7	9	2
5	2	8

b)

5	2	4
8	1	7
4	10	6
9	1	7

c)

6	9	3
3	5	7
6	8	2
3	2	6

1

<	=	>
ist kleiner als	ist gleich	ist größer als

a) 6 ◯ 2   b) 7 ◯ 4   c) 10 ◯ 2   d) 8 ◯ 3

    4 ◯ 8   1 ◯ 3   4 ◯ 4   0 ◯ 4

    2 ◯ 7   6 ◯ 8   2 ◯ 9   7 ◯ 7

    3 ◯ 3   9 ◯ 1   1 ◯ 8   5 ◯ 6

Es gibt mehrere richtige Lösungen.

2 Finde eine passende Zahl.

a) 4 > ___   b) 1 < ___   c) ___ > 5   d) 4 < ___

    7 > ___   2 < ___   ___ < 3   9 = ___

    8 > ___   9 < ___   6 = ___   ___ < 1

    2 > ___   5 < ___   6 < ___   10 = ___

3 Plus oder minus? Lege und schreibe die Rechnung auf.

a)

3 _____ = 5   8 _____ = 2   10 _____ = 4

b)

4 _____ = 8   7 _____ = 9   0 _____ = 4

c)

8 _____ = 5   1 _____ = 6   9 _____ = 4

Setze die Muster fort!

4 a) $6 \;\underline{+\,2}\; = 8$ $3 \;\underline{\hphantom{xx}}\; = 10$ b) $3 \;\underline{\hphantom{xx}}\; = 3$ $6 \;\underline{\hphantom{xx}}\; = 1$

$2 \;\underline{\hphantom{xx}}\; = 7$ $4 \;\underline{\hphantom{xx}}\; = 2$ $7 \;\underline{\hphantom{xx}}\; = 5$ $5 \;\underline{\hphantom{xx}}\; = 9$

$9 \;\underline{\hphantom{xx}}\; = 5$ $8 \;\underline{\hphantom{xx}}\; = 3$ $9 \;\underline{\hphantom{xx}}\; = 8$ $2 \;\underline{\hphantom{xx}}\; = 8$

---

5 a) $7 + 2 = \underline{\hphantom{xx}}$ $3 + 3 = \underline{\hphantom{xx}}$ b) $9 - 7 = \underline{\hphantom{xx}}$ $8 - 5 = \underline{\hphantom{xx}}$

$5 + 3 = \underline{\hphantom{xx}}$ $6 + 1 = \underline{\hphantom{xx}}$ $4 - 3 = \underline{\hphantom{xx}}$ $7 - 2 = \underline{\hphantom{xx}}$

$4 + 5 = \underline{\hphantom{xx}}$ $2 + 8 = \underline{\hphantom{xx}}$ $10 - 6 = \underline{\hphantom{xx}}$ $6 - 4 = \underline{\hphantom{xx}}$

---

6 Was ist passiert? Erzähle und rechne.

---

7 Nachbaraufgaben

a)
$3 + 2 = \underline{\hphantom{xx}}$	$1 + 6 = \underline{\hphantom{xx}}$
$4 + 2 = \underline{\hphantom{xx}}$	$2 + \underline{\hphantom{x}} = \underline{\hphantom{xx}}$
$5 + \underline{\hphantom{x}} = \underline{\hphantom{xx}}$	$\underline{\hphantom{x}} + \underline{\hphantom{x}} = \underline{\hphantom{xx}}$

b)
$4 + 3 = \underline{\hphantom{xx}}$	$2 + 5 = \underline{\hphantom{xx}}$
$\underline{\hphantom{x}} + \underline{\hphantom{x}} = \underline{\hphantom{xx}}$	$\underline{\hphantom{x}} + \underline{\hphantom{x}} = \underline{\hphantom{xx}}$
$\underline{\hphantom{x}} + \underline{\hphantom{x}} = \underline{\hphantom{xx}}$	$\underline{\hphantom{x}} + \underline{\hphantom{x}} = \underline{\hphantom{xx}}$

---

8 3 Zahlen – 4 Aufgaben

a) 6 2 8   b) 5 2 7   c) 3 9 6   d) 3 7 ?

Ein Viereck hat vier Ecken,
das weiß doch jedes Kind.
An Drachen, Heft und Fenster
kannst du das seh'n geschwind.

Drei Ecken kannst du finden
am Haus, am Schirm, am Baum,
doch so ein Dreiecksvogel
erscheint dir nur im Traum.

① Viele Figuren aus Vierecken,
Dreiecken und Kreisen.
Zeichne selbst.

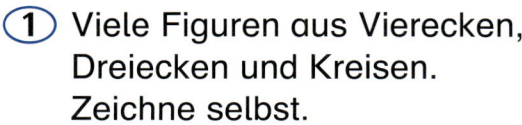

Käpt'n Blaubärs
Traumboot

Geheimpost

Kuh Elsa

Scharfzahn

Brülli

Deine Brille auf der Nase,
viele Schilder auf der Straße,
die runde Sonne siehst du stehen –
wo kannst du sonst noch Kreise sehen?

2 Nanu? Was meinst du dazu?
Warum rund und nicht eckig?
Warum eckig und nicht rund?

3 Vierecke ☐, Dreiecke △, Kreise ○ ?

| ○ Kreis | △ Dreieck | ☐ Viereck |

Macht eine Ausstellung.

4 Zeichne diese 3 Formen in dein Lernheft.

Dreieck △
Kreis ○
Viereck ☐

1 Wie kannst du die Plättchen sortieren?

2 a) Bim hat so sortiert. Erkläre.

b) Finde Namen für jede Gruppe.

3 Schau dir die Vierecke genauer an. Sortiere sie.

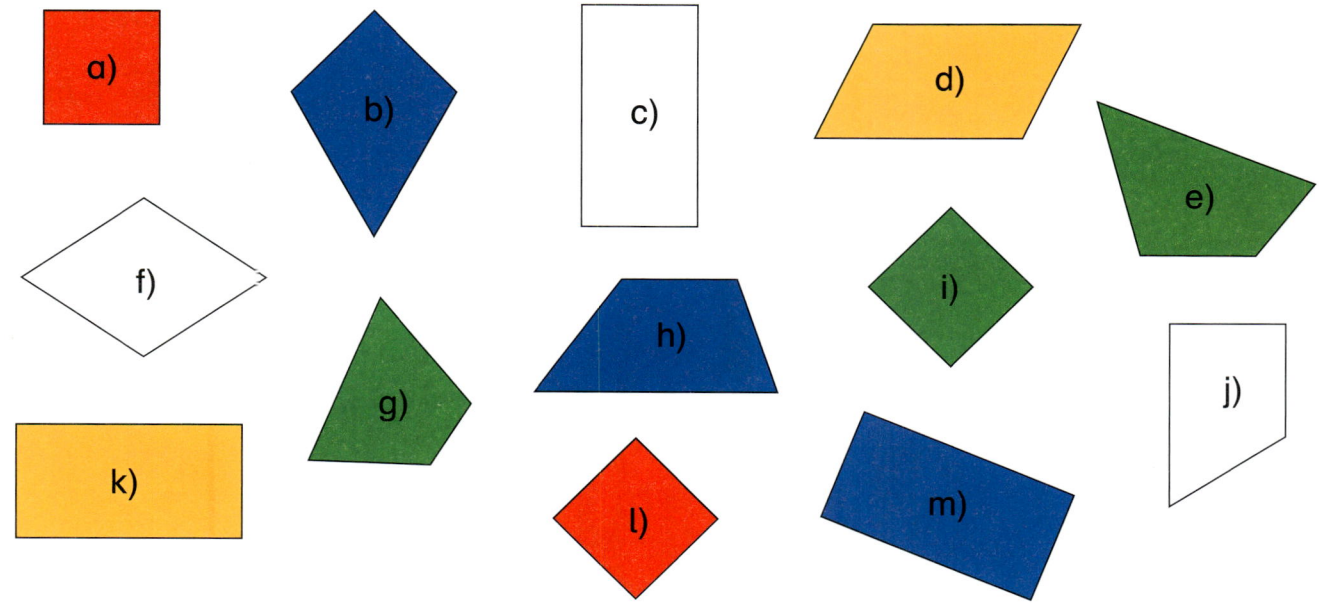

Eine „rechte Ecke".
Mathematiker sagen
dazu „rechter Winkel".

(4) Stelle einen Eckenmesser her.

Untersuche damit die Vierecke von Aufgabe 3.
Wie viele „rechte Ecken" haben sie?

Fläche:	rechte Ecken:
a)	4

(5) Einige Vierecke haben 4 „rechte Ecken".

Flächen mit
4 rechten Ecken
heißen Rechtecke.

a) Male sie in dein Heft.

b) 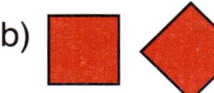 Dies sind ganz besondere Rechtecke.
Sie heißen Quadrate. Umfahre sie.

c) Suche Rechtecke und Quadrate im Klassenzimmer
und in deiner Schultasche.
Überprüfe mit dem Eckenmesser.

(6) a) Betrachtet dieses Kunstwerk. Was fällt euch auf?

b) Zeigt: Wo entdeckt ihr Quadrate, Rechtecke, Dreiecke und Kreise?

Konfetti
Wolfgang Achmann
2002

c) Gestalte ein ähnliches Kunstwerk.
Nimm dazu die Plättchen oder die Schablone.

①  Was haben die linke und die rechte Schachtel gemeinsam?

② Immer gleich viel: Welche Schachteln gehören zusammen?

$$3 + 3 = \boxed{} + \boxed{}$$

Was bedeutet hier = ?

③ Immer gleich viel: Welche Rechnungen gehören zusammen?

5 + 2 7 7 + 4 2 + 1 1 + 1 4 + 1 0 + 1 8 + 2 1 + 3 2 + 4 1 + 7 7 + 2	**=**
9 + 2 2 + 0 6 + 1 0 + 3 1 + 0 5 + 5 3 + 2 4 + 5 2 + 2 4 + 2 5 + 3	

Schreibe so auf:
$$5 + 2 = \boxed{} + \boxed{}$$
7

④ Immer gleich viel: links eine Zahl – rechts eine Rechnung.

 **6**

$$6 = 4 + 2$$

a) $6 = 4 + 2$ b) $8 = \boxed{} + \boxed{}$ c) $10 = \boxed{} + \boxed{}$ d) $12 = \boxed{} + \boxed{}$

$6 = \boxed{} + \boxed{}$ $8 = \boxed{} + \boxed{}$ $10 = \boxed{} + \boxed{}$ $12 = \boxed{} + \boxed{}$

...   .

Wie viele Aufgaben findest du zu einem Ergebnis? Vergleiche.

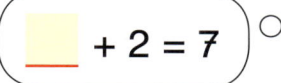

$\boxed{} + 2 = 7$

5 Wie viele Kugeln sind verdeckt? Überlege.
Nehmt eure Schüttelschachteln und stellt euch Aufgaben.

6 Immer gleich viel.

a)
$\underline{} + 2 = 7$ $\qquad$ $\underline{} + 1 = 8$ $\qquad$ $\underline{} + 4 = 5$ $\qquad$ $\underline{} + 7 = 9$

$\underline{} + 4 = 7$ $\qquad$ $\underline{} + 7 = 8$ $\qquad$ $\underline{} + 5 = 6$ $\qquad$ $\underline{} + 6 = 9$

$\underline{} + 1 = 7$ $\qquad$ $\underline{} + 4 = 8$ $\qquad$ $\underline{} + 6 = 7$ $\qquad$ $\underline{} + 5 = 9$

b)
$4 + \underline{} = 7$ $\qquad$ $0 + \underline{} = 6$ $\qquad$ $4 + \underline{} = 8$ $\qquad$ $2 + \underline{} = 3$

$5 + \underline{} = 7$ $\qquad$ $5 + \underline{} = 6$ $\qquad$ $3 + \underline{} = 7$ $\qquad$ $3 + \underline{} = 4$

$7 + \underline{} = 7$ $\qquad$ $3 + \underline{} = 6$ $\qquad$ $2 + \underline{} = 6$ $\qquad$ $4 + \underline{} = 5$

7 Was fällt dir auf?

$9 = 3 + \underline{}$ $\qquad$ $7 = 6 + \underline{}$ $\qquad$ $10 = 1 + \underline{}$ $\qquad$ $11 = 10 + \underline{}$

$9 = 4 + \underline{}$ $\qquad$ $7 = 5 + \underline{}$ $\qquad$ $10 = 2 + \underline{}$ $\qquad$ $11 = 9 + \underline{}$

$9 = 5 + \underline{}$ $\qquad$ $7 = 4 + \underline{}$ $\qquad$ $10 = 3 + \underline{}$ $\qquad$ $11 = 8 + \underline{}$

8 $6 = \underline{} + 0 + 2$ $\quad$ $7 = \underline{} + 0 + 5$ $\quad$ $9 = \underline{} + 6 + 0$ $\quad$ $10 = \underline{} + 3 + 6$

$6 = \underline{} + 1 + 3$ $\quad$ $7 = \underline{} + 1 + 4$ $\quad$ $9 = \underline{} + 3 + 4$ $\quad$ $10 = \underline{} + 2 + 4$

$6 = \underline{} + 2 + 4$ $\quad$ $7 = \underline{} + 2 + 3$ $\quad$ $9 = \underline{} + 5 + 1$ $\quad$ $10 = \underline{} + 5 + 1$

9 $3 + 5 = \underline{} + 4$ $\qquad$ $1 + \underline{} = 5 + 2$ $\qquad$ $6 + 4 = 5 + \underline{}$

$2 + 7 = 6 + \underline{}$ $\qquad$ $\underline{} + 8 = 3 + 6$ $\qquad$ $\underline{} + 7 = 9 + 2$

(1) Spielt und schreibt auf: > < = ☆ 5 + 2 > 3 + 1

7   4

(2) Vergleiche mit: > < =   Wer hat gewonnen?

a) 3 + 4 ◯ 6 + 2

2 + 2 ◯ 4 + 1

6 + 5 ◯ 5 + 0

4 + 3 ◯ 4 + 5

3 + 1 ◯ 2 + 1

b) 6 + 4 ◯ 5 + 4

3 + 1 ◯ 2 + 0

2 + 2 ◯ 2 + 3

4 + 3 ◯ 5 + 2

4 + 4 ◯ 5 + 1

(3) Welches Zeichen passt? Siehst du es ohne zu rechnen? Begründe.

a) 3 + 4 ◯ 4 + 4

0 + 2 ◯ 0 + 3

5 + 2 ◯ 5 + 3

b) 6 + 3 ◯ 6 + 4   2 + 5 ◯ 2 + 7

5 + 2 ◯ 6 + 2   2 + 6 ◯ 6 + 2

1 + 6 ◯ 1 + 5   2 + 7 ◯ 2 + 5

(4) Suche Aufgaben mit =.

| 6 | + | 4 | = | 5 | + | 5 |
| 2 | + | 5 | = | | + | |

Da fallen mir viele Aufgaben ein!

5 Setze ein: > < =

a) 8 + 1 ◯ 6 + 4
    6 + 3 ◯ 5 + 4
    2 + 2 ◯ 3 − 2
    6 − 5 ◯ 2 + 5

b) 2 + 7 ◯ 1 + 5
    7 − 5 ◯ 8 − 6
    0 + 8 ◯ 3 + 4
    5 − 2 ◯ 6 − 3

c) 6 − 1 ◯ 5 + 2
    7 − 2 ◯ 4 + 4
    6 + 3 ◯ 7 − 5
    5 − 3 ◯ 9 − 2

6 Setze die Aufgabenreihen fort. Was fällt dir auf?

a) 1 + 1 ◯ 7 − 1
    1 + 2 ◯ 7 − 2
    1 + 3 ◯ 7 − 3
    …

b) 8 + 1 ◯ 8 − 1
    7 + 1 ◯ 7 − 1
    6 + 1 ◯ 6 − 1
    …

c) 9 − 1 ◯ 4 + 2
    9 − 2 ◯ 4 + 3
    9 − 3 ◯ 4 + 4
    …

7 Welches Zeichen passt? Siehst du es ohne zu rechnen? Begründe.

a) 7 − 1 ◯ 5 − 1
    9 − 4 ◯ 10 − 4
    5 − 2 ◯ 4 − 2

b) 7 − 3 ◯ 7 − 5
    9 − 6 ◯ 9 − 3
    8 − 0 ◯ 8 − 4

c) 7 + 3 ◯ 7 − 3
    6 + 2 ◯ 6 − 2
    8 − 4 ◯ 8 + 4

8 Welche Zahl fehlt?

a) 5 + 3 = 3 + ___
    6 − 4 = 1 + ___
    8 − ___ = 3 + 3

b) 5 + 5 = 4 + ___
    4 + 3 = 3 + ___
    10 − 2 = 4 + ___

c) 1 + 2 = 3 − ___
    9 − 3 = 3 + ___
    8 − 5 = ___ + 0

9 Finde eine passende Zahl. Es gibt mehrere Möglichkeiten.

a) 6 + 2 > 1 + ___
    4 − 2 < 3 + ___
    10 − 6 > 10 − ___

b) 5 + 4 < 8 + ___
    3 + 7 > 6 − ___
    8 − 5 < 10 − ___

c) 9 − 7 < 7 + ___
    8 − 3 > 1 + ___
    4 + 4 < 8 + ___

⭐ d) Findest du alle passenden Zahlen zu 7 + 2 > 1 + ___ ?   *0, 1,*

10 Spielt: – Das größere Ergebnis gewinnt,
            – das kleinere Ergebnis gewinnt.

Gewonnen!

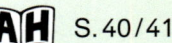

(1) Vergleiche die Scheine miteinander, vergleiche die Münzen.

(2) Wie viel Geld ist es? Lege – dein Partner zählt.

(3) Wie viel Geld ist es? Schreibe auf.

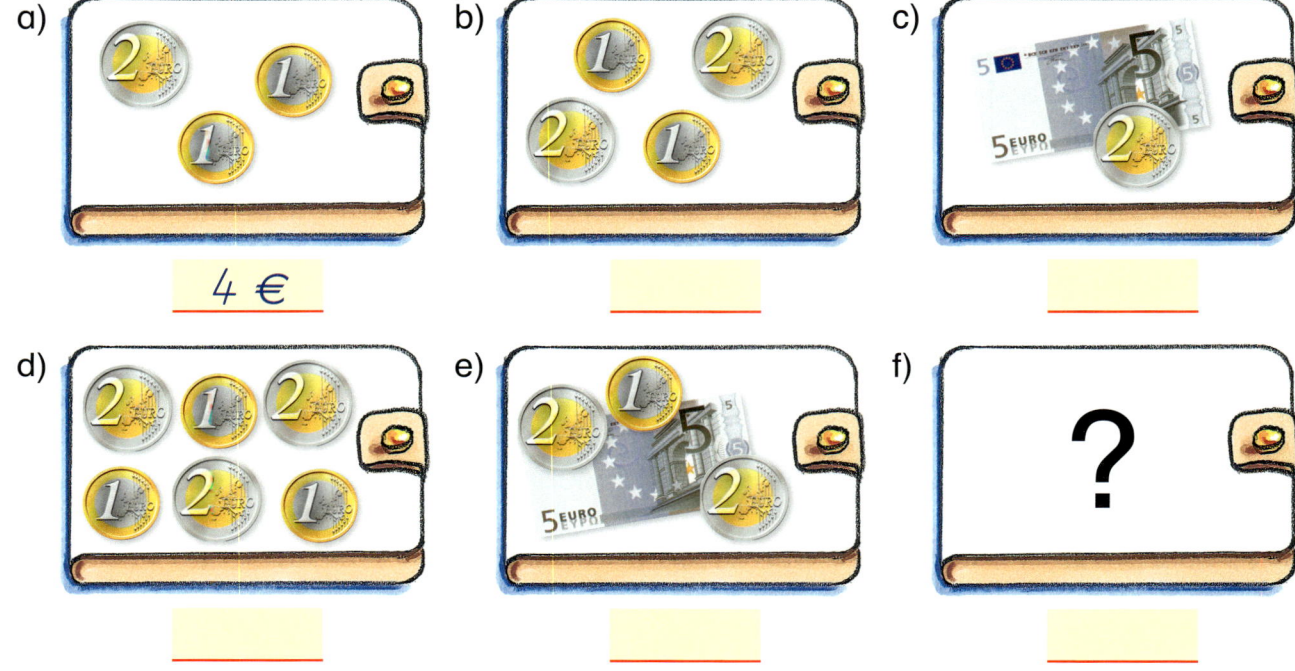

a) ___4 €___

b) _____

c) _____

d) _____

e) _____

f) _____

(4) Wie legst du 10 Euro, 5 Euro, …? Finde viele Möglichkeiten.
Schreibe auf.

(5) Lege mit möglichst wenigen
Münzen und Scheinen.
Schreibe auf.

1 €	①
2 €	②
3 €	②①
…	

Bis 10 € brauche
ich höchstens
3 Münzen und
2 Scheine.

6 Welche Münzen und Scheine sind es? Schreibe auf.

3 Euro
3 Münzen

Das ist einfach!

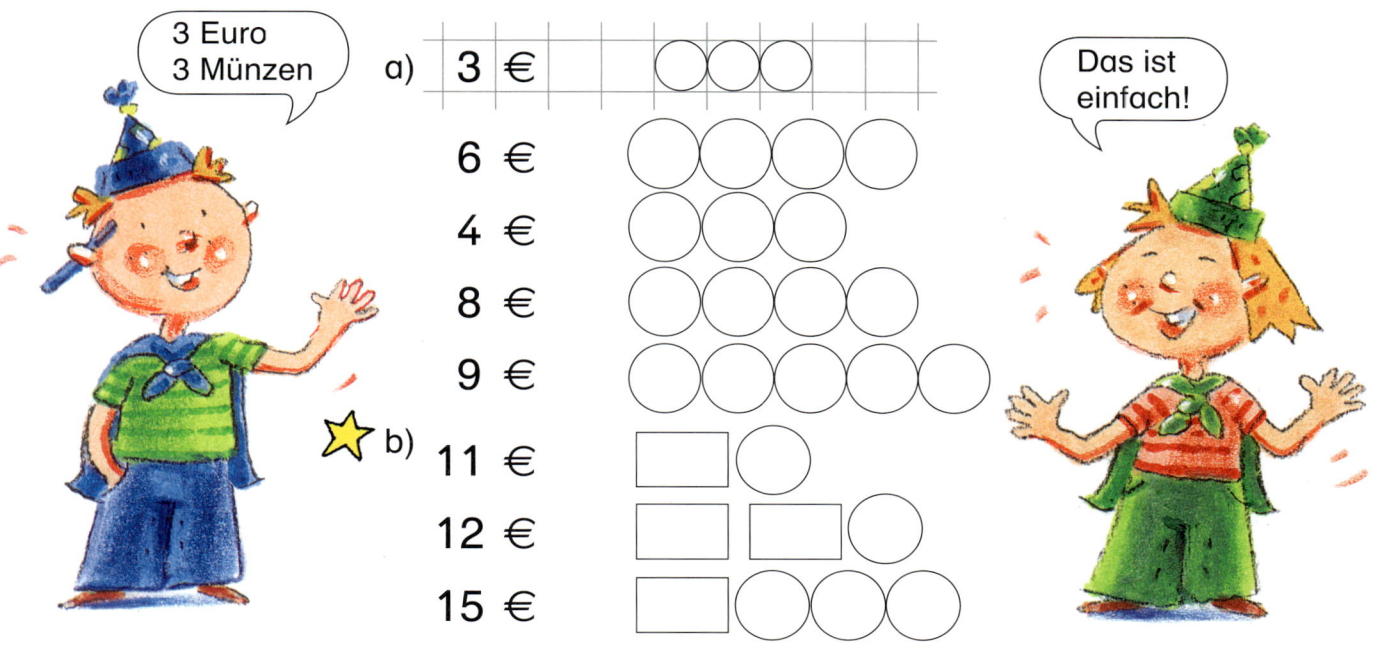

a) 3 €
    6 €
    4 €
    8 €
    9 €

b) 11 €
   12 €
   15 €

7 In welchem Schwein ist jeweils mehr Geld?

a)

6 € ⊘> ☐ €

b)

☐ € ◯ ☐ €

c)

☐ € ◯ ☐ €

d)

☐ € ◯ ☐ €

e)

☐ € ◯ ☐ €

f)

?

☐ € ◯ ☐ €

61

1 Wie viel kostet es zusammen?

a)

$2\,€ + \quad € = \quad €$

b)

c)

d)

e)

f)

2 Kaufe selbst ein. Male und rechne.

⭐ **4** Was kostet es wohl, wenn ich alles kaufe?

3 Du kaufst für genau 10 Euro ein. Was kann das sein?

1	0	€	=	3	€	+	7	€
						?		
1	0	€	=			+		

5 Wie kannst du bezahlen?

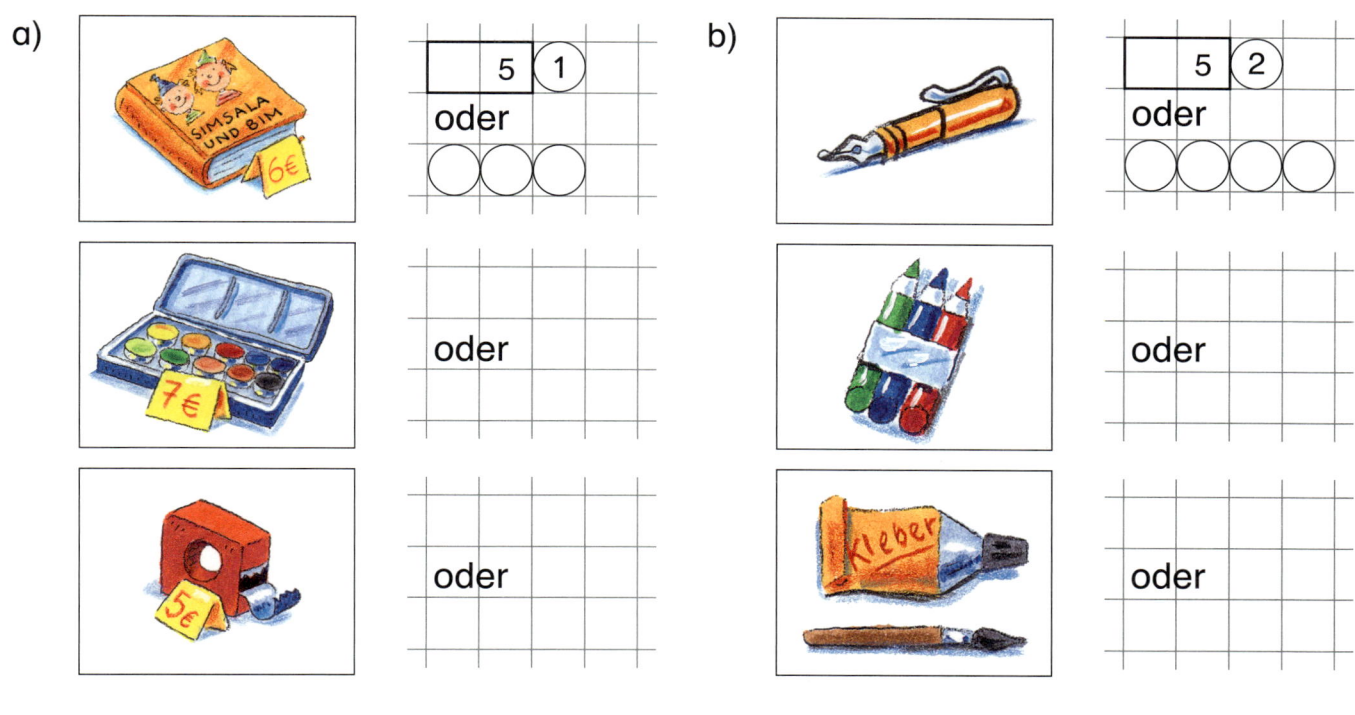

a)

	5	1		

oder

○ ○ ○

oder

oder

…

b)

	5	2		

oder

○ ○ ○ ○

oder

oder

…

6 Wie viel bekommst du zurück?
Spielt und schreibt auf.

Ich kaufe:	Ich gebe:	Rückgeld:
 a) 7 €	 10	€

Ich rechne so:
10 € − 7 € = ___ €

Ich rechne so:
7 € + ___ € = 10 €

Ich kaufe:	Ich gebe:	Rückgeld:
b) Kleber	5	
c)	5 2 2	
d)	2 2	
e)	10	
f)	5	

1 Überlege und erkläre. Wie ist eine Zahlenmauer aufgebaut?
Welche Zahl gehört in den Zielstein?

2 Rechne.

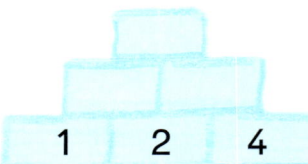 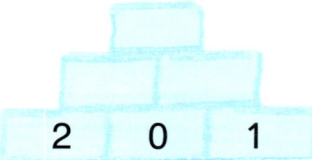 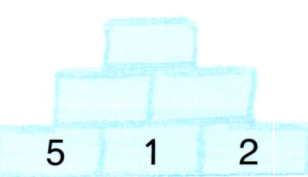

3 Gleiche Grundsteine – verschiedene Zielsteine. Rechne.
Was fällt dir auf?

a)

 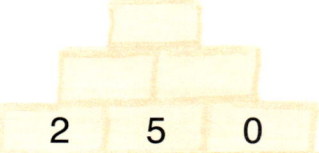 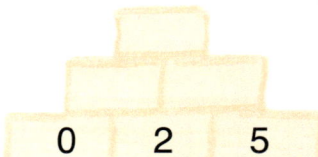

b)

 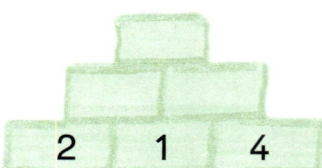 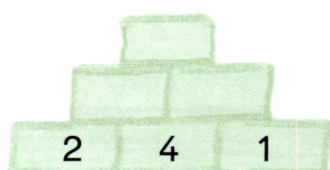

4 Baue mit diesen Grundsteinen.

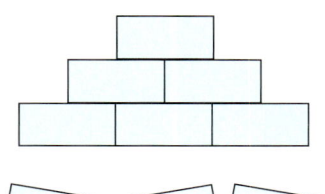

 Erkläre: Wie entsteht oben …
a) die größte Zahl?
b) die kleinste Zahl?

Überprüfe deine Regel mit
anderen Grundsteinen.

5 Welche Zahlen fehlen? Erkläre, wie du rechnest.

6 Rechne.

a)

b)

7 Hier gibt es verschiedene Möglichkeiten. Finde eine.
Vergleicht eure Lösungen.

8 Findet möglichst viele Mauern mit diesen Zielsteinen.
Vergleicht eure Mauern. Versucht sie zu ordnen.

9 Wähle selbst Zahlen für den Zielstein und erfinde Zahlenmauern.

1 Wie heißt die Zauberregel? Finde weitere Zahlenpaare.
Simsala legt die Kartenpaare und schreibt so auf.

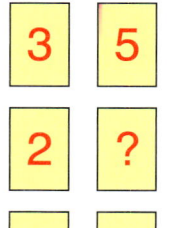

2 Wie wird hier gezaubert? Schreibe ins Heft. Finde weitere Zahlenpaare.

a)

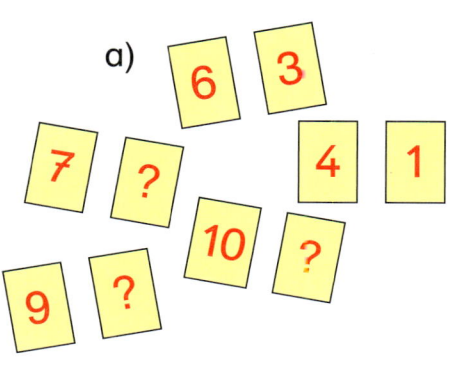

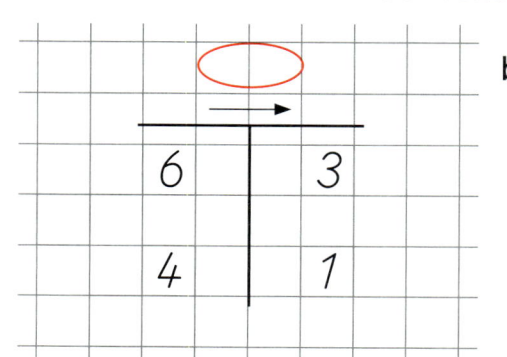

b)

3 Finde Paare zu diesen Zauberregeln.

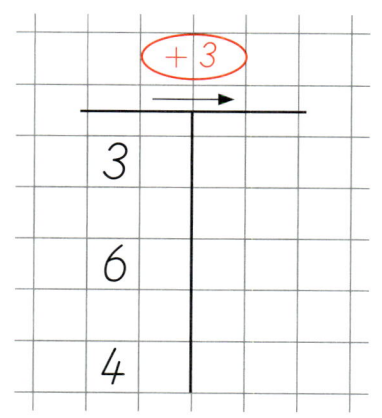

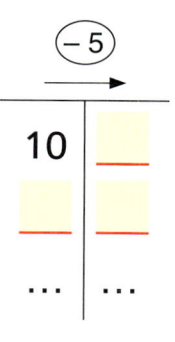

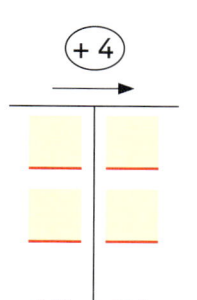

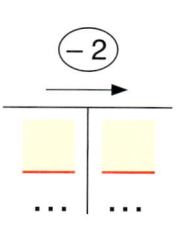

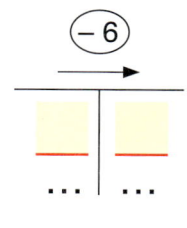

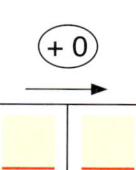

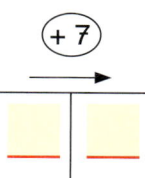

 4 Finde selbst Zahlenpaare. Dein Partner nennt die Regel.

5 Erste oder zweite Zahl gesucht.

a) Zauberregel (+5)

1 ?
? 9
? 5
? 7   3 ?

(+5)
| 1 | |

b) Zauberregel (−4)

? 4
? 6
6 ?
? 5   ? 0

(−4)
| | 4 |

6

(+2)
5	__
3	__
__	7
__	10

(−3)
6	__
__	6
8	__
__	1

(−0)
8	__
__	10
__	0
5	__

(−3)
3	__
2	__
1	__

Was ist hier los?

7 Hier sind die Paare von zwei Zauberregeln durcheinander geraten.
a) Schreibe geordnet in dein Heft.

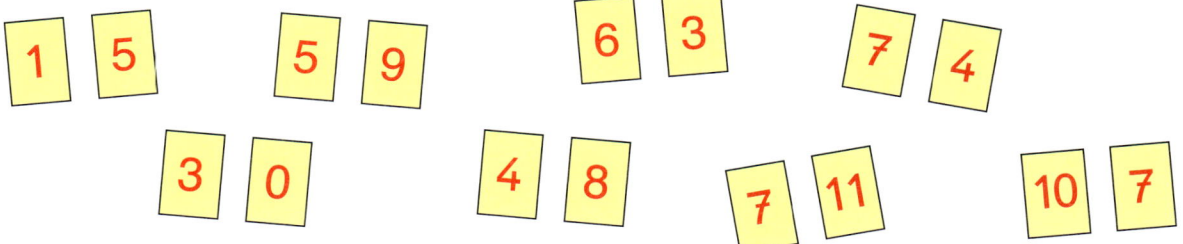

1 5   5 9   6 3   7 4

3 0   4 8   7 11   10 7

b) Finde zu jeder Regel weitere Zahlenpaare.

⭐ **8** Eine besondere Zauberregel. Erkläre.

2 4   5 10   1 2   3 ?   ? ?

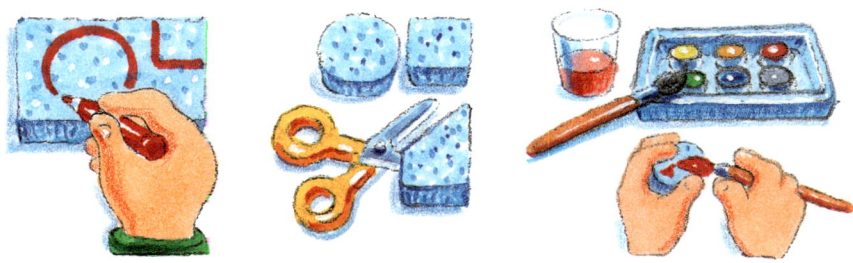

Die rote Brücke, Paul Klee, 1928

① Welche Formen erkennst du?
Welche fallen dir besonders auf?

 ② Stellt die Formen als Stempel her. Druckt ähnliche Bilder.

③ Du kannst auch malen oder zeichnen.

4 Es gibt Künstler, die „räumen" Bilder auf.
Vergleicht das „aufgeräumte" Bild mit dem Bild von Paul Klee „Die rote Brücke".

5 Räume das Bild von Paul Klee nach Formen auf.
  a) Welche Formen siehst du?
  b) Suche alle Formen heraus.
     – Male sie auf. Ordne sie so an, wie du möchtest.
     – Kontrolliere, ob du keine Form vergessen hast.

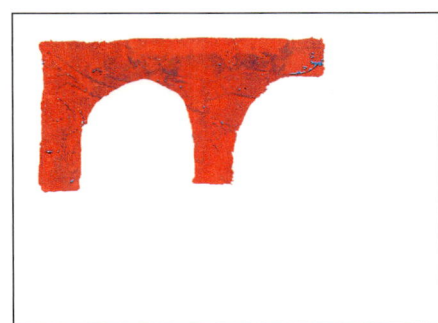

6 Du kannst auch dein eigenes Bild aufräumen.

1 Ein Bild – viele Geschichten – viele Rechnungen.
Erzählt Geschichten zum Bild. Findet zu jeder Geschichte die passende Rechnung.

$$7 - 5 = 2 \qquad 4 + 3 = 7$$
$$7 - 2 = 5 \qquad 7 - 4 = 3$$
$$5 + 2 = 7 \qquad 2 + 5 = 7$$

2 Finde zu jedem Bild verschiedene Geschichten.
Schreibe die Rechnungen auf.

a)

b)

In manchen Bildern stecken mehr Rechnungen als du denkst.

c)

d)

3 Welche Rechnungen passen zum Bild? Schreibe sie auf und rechne sie aus.

a)

$$2 + 4 = \boxed{} \qquad 2 + 5 = \boxed{}$$
$$7 - 3 = \boxed{} \qquad 6 - 4 = \boxed{}$$

b)

$$2 + 2 + 3 = \boxed{} \qquad 3 + 6 = \boxed{}$$
$$7 - 3 = \boxed{} \qquad 5 + 3 = \boxed{}$$

4 Welche Bilder passen? Zeige oder kreise ein.

2 + 5 = ___

a)  b)  c)

6 − 3 = ___

a)  b)  c)

1 + 4 = ___

a)  b)  c)

5 Malt Bilder zu den Rechnungen:

| 2 + 6 = 8 | 9 − 4 = 5 | 4 − 3 = 1 |

Legt eure Bilder zu den Aufgaben.
Erzählt und vergleicht.

6 Welche Geschichten passen zu | 2 + 4 = ___ | ? Zeige oder kreise ein.

a) Susi hat 2 Mathehefte und 4 Schreibhefte.

Wie viele Hefte hat sie?

b) Moni hat 4 Luftballons. 2 Ballons zerplatzen.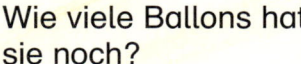

Wie viele Ballons hat sie noch?

c) Im Hof sind 4 braune Katzen und zwei weiße Katzen.

Wie viele Katzen sind das?

7 Welche Geschichten passen zu | 7 − 3 = ___ | ? Zeige oder kreise ein.

a) Ulli hat 7 Murmeln. 3 Murmeln schenkt er her.

Wie viele Murmeln hat er nun?

b) Auf der Wiese stehen 7 Schafe. 3 laufen weg.

Wie viele Schafe sind es jetzt?

c) Max hat 7 Autos. Seine Oma schenkt ihm noch 3.

Wie viele Autos hat Max?

1 Zahlen zerlegen

```
    8              6              9             10
  /   \          /   \          /   \          /   \
 5  +  3        2  +  4        5  +  4        8  +  2

 ... + ...      ... + ...      ... + ...      ... + ...
```

2 a) $3 + 5 = \underline{\quad}$

       $2 + 7 = \underline{\quad}$

b) $9 - 6 = \underline{\quad}$

      $8 - 7 = \underline{\quad}$

c) $6 - 3 = \underline{\quad}$

      $9 - 0 = \underline{\quad}$

3 a) $10 = 6 + \underline{\quad}$

      $10 = \underline{\quad} + 3$

b) $7 = 1 + \underline{\quad}$

      $7 = \underline{\quad} + 4$

c) $5 = 2 + \underline{\quad}$

      $5 = \underline{\quad} + 5$

4 Welche Aufgaben gehören zusammen?

$2 + 1$ $5 + 3$ 3 $7 + 2$ $3 + 3$ $6 + 4$	$2 + 4$ $5 + 5$ $1 + 7$ $0 + 3$ $3 + 6$

$=$

Schreibe so auf: $2 + 1 = 0 + 3$
                         3

5 a) $4 + 3 = \underline{\quad} + 5$

      $6 - 2 = 4 - \underline{\quad}$

b) $8 - \underline{\quad} = 6 - 1$

      $\underline{\quad} + 5 = 7 + 3$

c) $\underline{\quad} + 6 = 10 - 3$

      $\underline{\quad} - 2 = 4 + 4$

6 Zahlenmauern

Setze die Muster fort!

```
          6
       /     \
    1     2     3
```

```
             3
          /     \
       3     2     3
```

```
    10
   /    \
  6
 /
4
```

```
    10
   /    \
  3
 /
2
```

```
  1   2   0   4
```

7 $>$, $<$ oder $=$?

a) $7 + 2 \bigcirc 6 + 2$
   $9 - 4 \bigcirc 7 - 5$
   $2 + 5 \bigcirc 4 + 3$

b) $6 + 1 \bigcirc 8 - 2$
   $10 - 6 \bigcirc 4 + 0$
   $5 + 3 \bigcirc 9 - 1$

c) $5 + 3 \bigcirc 5 - 3$
   $8 - 6 \bigcirc 8 + 5$
   $3 + 4 \bigcirc 4 - 3$

8 Zahlen verzaubern

$+3$	
3	
5	
7	

$+5$	
2	
	9
5	

-4	
6	
8	
4	

-2	
8	
2	
	6

9 Wie viele Euro?

10

 7 €

 1 €

 6 €

 3 €

 2 €

a) Sonja kauft:

Sie zahlt: _____ €

b) Anne kauft:

Sie zahlt: _____ €

c) Tommy kauft und gibt:

Er bekommt _____ € zurück.

$$10 = 1 \text{ Zehner} = 1 \text{ Z}$$

$$1 = 1 \text{ Einer} = 1 \text{ E}$$

(1) a) Lege 13, 17, 18, … und erkläre, wie du legst.

b) Spielt zu zweit: Du legst eine Zahl. Dein Partner nennt sie.

(2) Erkläre wie Bim.

Es sind 12, 1 Zehner und 2 Einer.

$$1Z \ 2E = 12$$

3 Lege im Zwanzigerfeld und mit den Zahlenkarten. Schreibe auf.

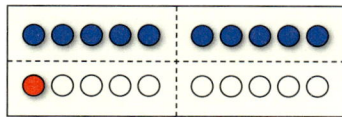 **1 0** 1Z 0E $\quad$ | 1 | 0 | + | 0 | = | 1 | 0 |

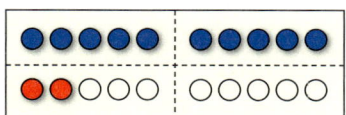 **1 1** 1Z 1E $\quad$ | 1 | 0 | + | 1 | = | 1 | 1 |

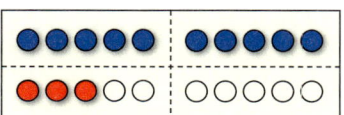 **1 2** 1Z 2E $\quad$ | 1 | 0 | + | 2 | = | | |

 ... ...

Pass auf, wir schreiben anders als wir sprechen.

vierzehn

14

4 Schreibe die Zahlen auf.

	1		2		3	...
1	1	1	2	1	3	...
2	1	2	2	2	3	...

Z	E	
1	0	zehn
1	1	elf
1	2	zwölf
1	3	dreizehn
1	4	vierzehn
1	5	fünfzehn
1	6	sechzehn
1	7	siebzehn
1	8	achtzehn
1	9	neunzehn
2	0	zwanzig
2	1	einundzwanzig
2	2	zweiundzwanzig
...	...	...

neunzehn

5 Zahlendiktat von 1 bis 20:
Legt mit den Zahlenkarten und schreibt auf.

75

1 Zahlen schreiben

1Z	3 E	1Z	0 E
1Z	5 E	1Z	6 E
1Z	1 E	1Z	8 E
1Z	7 E	2Z	2 E
1Z	4 E	2Z	1 E
1Z	9 E	...	
1Z	2 E		
2Z	0 E		

1	Z	3	E	=	1	3
1	Z	5	E	=		

3 Zahlen tippen

...   12
14
9   20
10   17
13   16
   19
11

2 Zahlenquartett

siebzehn   achtzehn

17   1Z 7E

elf   18

1Z 8E   11

2Z

20   1Z 1E   zwanzig

4 Zahlen legen

Lege Zahlen mit den Zahlenkarten und schreibe auf:

1	3

1	0	2	0	4	6

2	5	8	7	9

1	1	11 = 10 + 1

1	7	17 = 10 +

...   ...

5

Blitzlesen auf dem Zwanzigerfeld

– Unter dem Tuch Zahl legen,
– kurz aufdecken,
– Partner liest ab.

7

Zahlenkarten schnell ordnen

– Mischen,
– Sanduhr drehen,
– vorwärts oder rückwärts ordnen.

0 1 2 3 ?

6

Einfache Aufgaben

$10 + 1 =$	$19 - 9 =$
$10 + 2 =$	$18 - 8 =$
$10 + 3 =$	$17 - 7 =$
...	...
$1 + 10 =$	$20 - 1 =$
$2 + 10 =$	$19 - 1 =$
$3 + 10 =$	$18 - 1 =$
...	...

8

Zahlen hören

12!

1 Wo müssen Simsala und Bim die Zahlenkarten aufhängen?
Zeige auf dem Zwanzigerseil.

2 a) Welche Zahl ist genau in der Mitte zwischen 0 und 10, 10 und 20?

b) Welche Zahlen hängen zwischen 5 und 12, 9 und 14, 11 und 17?

3 a) Welche Zahl kommt nach 4, 9, 10, 13, 16, 19, …?

Schreibe so:

4	5
9	

 b) Stelle deinem Partner Aufgaben mit anderen Zahlen.

c) Welche Zahl kommt vor: 3, 7, 9, 12, 15, 20, …

Schreibe so:

2	3
	7

 d) Stelle deinem Partner Aufgaben mit anderen Zahlen.

4 Zeige diese Zahlen am Zwanzigerseil. Schreibe sie mit ihren Nachbarn auf.

1 3	1 4	1 5
	1 9	

a) 14
   19
   17

b) 3
  13
  15

c) 8
  18
  10

d) 19
  21
  28

5 Zähle weiter. Schreibe auf.

a) 6, 7, ... 15   b) 19, 18, ... 9

c) 12, 13, ... 20   d) 15, 14, ... 5

e) Wie weit kannst du zählen? Schreibe auf.

6 Wie geht es weiter? Schreibe auf.

a) 2, 4, ... 14   b) 20, 18, ... 8

c) 0, 3, ... 18   d) 19, 16, ... 1

e) Erfinde weitere Zahlenfolgen.

7 Vergleiche: <, >, =

a) 4 ◯ 14   b) 17 ◯ 7   c) 10 ◯ 10   d) 2 ◯ 12

   10 ◯ 11   13 ◯ 14   6 ◯ 16   21 ◯ 12

   19 ◯ 9   15 ◯ 5   20 ◯ 2   21 ◯ 22

   20 ◯ 20   12 ◯ 8   18 ◯ 19   12 ◯ 11

8 Zahlenrätsel

a) Meine Zahl ist kleiner als 12, aber größer als 10. Sie heißt _____ .

b) Meine Zahl ist größer als 18, aber kleiner als 20. Sie heißt _____ .

c) Meine Zahl ist um 1 größer als 12. Sie heißt _____ .

d) Meine Zahl ist um 1 kleiner als 15. Sie heißt _____ .

e) Meine Zahl ist größer als 10 und hat eine 7 als Einer. Sie heißt _____ .

f) Meine Zahl ist kleiner als 20 und hat gleich viele Zehner wie Einer. Sie heißt _____ .

1	2		4	5		7	8		10

11		13	14		16		18		20

① Welche Zahlen fehlen noch?

② Nimm die Zahlenkarten von 1–20.
Ordne wie Bim.

③ Vergleiche die obere mit der unteren Reihe.
Was fällt dir auf? Erkläre.

⭐ Wie sieht die nächste Reihe aus?

④ Suche alle Zahlen mit

a)
8 Einern

b)
1 Zehner

c)
2 Zehnern

Schreibe sie auf.

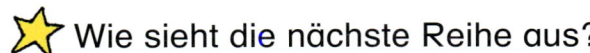

a) *8 Einer:*

b) *1 Zehner:*

⑤ Wie heißen die fehlenden Zahlen? Schreibe auf.

a)
6	7
16	

b)
3	
	14

c)
	10
19	

d)
	5
14	

e)
	9
	19

f)
15	16

g)
	2
	12

h)
7	

⑥ Und hier?

a)
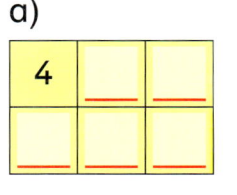

b)
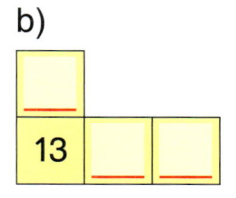

c)
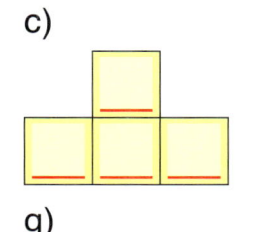

d)
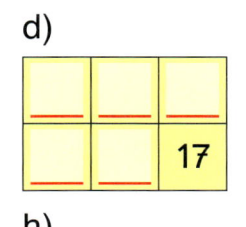

e)
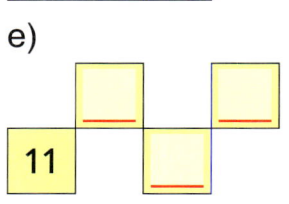

f)
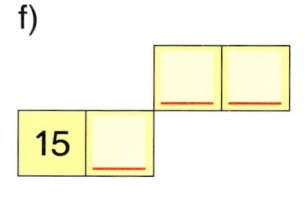

g)
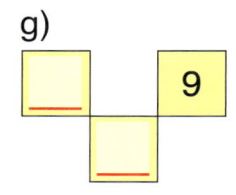

h)
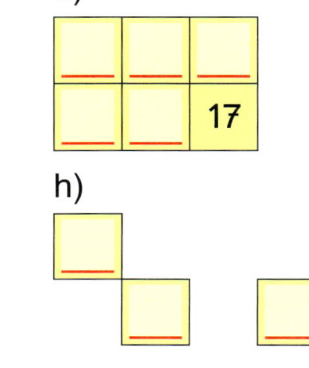

1	2	3	4	5	6	7	8	9	10
11	12	13	14		16	17	18	19	20

(7) a) Setze deinen Spielstein auf eine Zahl.
Dein Partner gibt dir einen Pfeil.
Gehe in diese Richtung.
Wo landest du?

b) Was fällt dir auf? Wie könntest du die Schilder beschriften?

(8) Gehe in die Richtung, die das Schild zeigt. Schreibe die Rechnung auf.

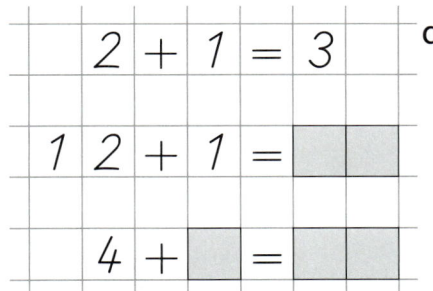

$2 + 1 = 3$

$12 + 1 = \square\square$

$4 + \square = \square\square$

a)

| 2 | 12 | 4 | 14 |
| 16 | 17 | 18 | 19 |

b)
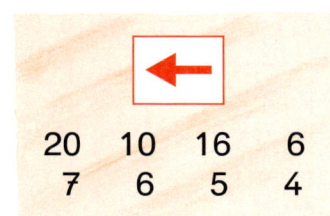

| 20 | 10 | 16 | 6 |
| 7 | 6 | 5 | 4 |

c)
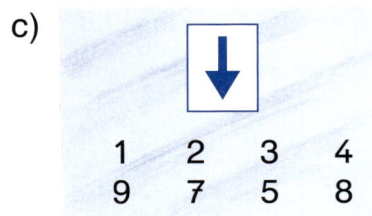

| 1 | 2 | 3 | 4 |
| 9 | 7 | 5 | 8 |

d)
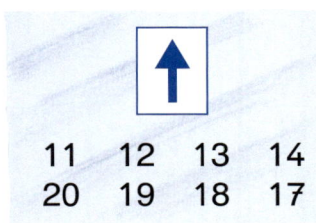

| 11 | 12 | 13 | 14 |
| 20 | 19 | 18 | 17 |

Ich stehe auf 12. Und nun?

(9) Wege – Aufgaben. Wo landest du?

a) Du stehst auf 15.
Gehe einen Schritt nach rechts.

b) Du stehst auf 7. Gehe einen Schritt nach unten und einen Schritt nach rechts.

c) Du stehst auf 17. Gehe einen Schritt nach links und einen Schritt nach oben.

d) Du stehst auf 20. Gehe einen Schritt nach oben, einen Schritt nach links und einen Schritt nach unten.

 6 + 2 = 8, das kann ich schon.

... und diese vielleicht auch schon. Die Aufgaben sind verwandt.

6 + 2 = 8

16 + 2 = ___

1 Erkläre am Zwanzigerfeld, was Simsala mit „verwandt" meint.

2 Suche die verwandten Aufgaben. Rechne.

| 2 + 6 = ___ | 3 + 1 = ___ | 5 + 4 = ___ | 17 + 3 = ___ | 15 + 4 = ___ |

| 7 + 3 = ___ | 4 + 2 = ___ | 12 + 6 = ___ | 13 + 1 = ___ | 14 + 2 = ___ |

3 Suche die kleinen Aufgaben dazu. Rechne.

Die kleine Aufgabe hilft dir beim Rechnen.

a) 14 + 3 = ___

4 + 3 =

17 + 2 = ___

___

11 + 9 = ___

___

b) 16 + 2 = ___

6 + 2 =

10 + 4 = ___

___

15 + 0 = ___

___

c) 14 + 5 = ___

___

15 + 5 = ___

___

16 + 2 = ___

___

4 Denke an die kleine Aufgabe.

a) 11 + 3 = ___

11 + 7 = ___

11 + 0 = ___

11 + 2 = ___

b) 12 + 3 = ___

12 + 5 = ___

12 + 6 = ___

12 + 2 = ___

c) 5 + 15 = ___

6 + 13 = ___

7 + 13 = ___

8 + 11 = ___

d) 3 + 11 = ___

4 + 12 = ___

5 + 13 = ___

6 + 14 = ___

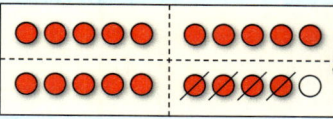

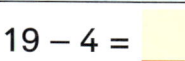

9 − 4 = 5

19 − 4 = ☐

5 Erkläre am Zwanzigerfeld, was Simsala mit „verwandt" meint.

6 Suche die verwandten Aufgaben. Rechne.

| 5 − 2 = ☐ | 5 − 4 = ☐ | 7 − 1 = ☐ | 13 − 3 = ☐ | 18 − 3 = ☐ |

| 3 − 3 = ☐ | 8 − 3 = ☐ | 15 − 2 = ☐ | 15 − 4 = ☐ | 17 − 1 = ☐ |

7 Suche die kleinen Aufgaben dazu. Rechne.

a) 18 − 6 = ☐   b) 19 − 2 = ☐   c) 20 − 5 = ☐

8 − 6 =

17 − 2 = ☐   14 − 1 = ☐   20 − 2 = ☐

15 − 0 = ☐   18 − 3 = ☐   20 − 7 = ☐

Wie heißt hier die kleine Aufgabe?

8 Denke an die kleine Aufgabe.

a) 15 − 4 = ☐   b) 16 − 5 = ☐   c) 16 − 3 = ☐   d) 15 − 5 = ☐

16 − 4 = ☐   16 − 4 = ☐   18 − 4 = ☐   16 − 4 = ☐

17 − 4 = ☐   17 − 4 = ☐   18 − 5 = ☐   17 − 3 = ☐

18 − 4 = ☐   16 − 3 = ☐   19 − 5 = ☐   18 − 2 = ☐

Mit dem Spiegel zaubern

1 Verzaubert diese Bilder mit dem Spiegel. Sprecht darüber.

2 Zaubere mit dem Spiegel:

a) Viele Äpfel oder gar keine Äpfel,

b) Eulalia mit 2 Geldscheinen oder ohne Geld.

c) Malt selbst ein Bild und zaubert mit dem Spiegel.

① Simsala hat 2 Zauberhüte und 2 Zaubermäntel.
So zaubert sie damit.

a) Wie verändert sich Simsala bei jeder Zauberei?
b) Eine Möglichkeit hat Simsala noch.

② Die Geo-Kombi-Männchen.
Nimm deine Geoplättchen und lege damit unterschiedliche Kombi-Männchen.

a) Zeichne sie ins Heft. Du kannst dazu deine Schablone benutzen.
b) Vergleicht eure Lösungen. Wie viele Möglichkeiten habt ihr gefunden?

⭐ c)

Und wenn da noch ein Hut dazu kommt?

Verdoppeln

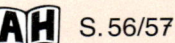

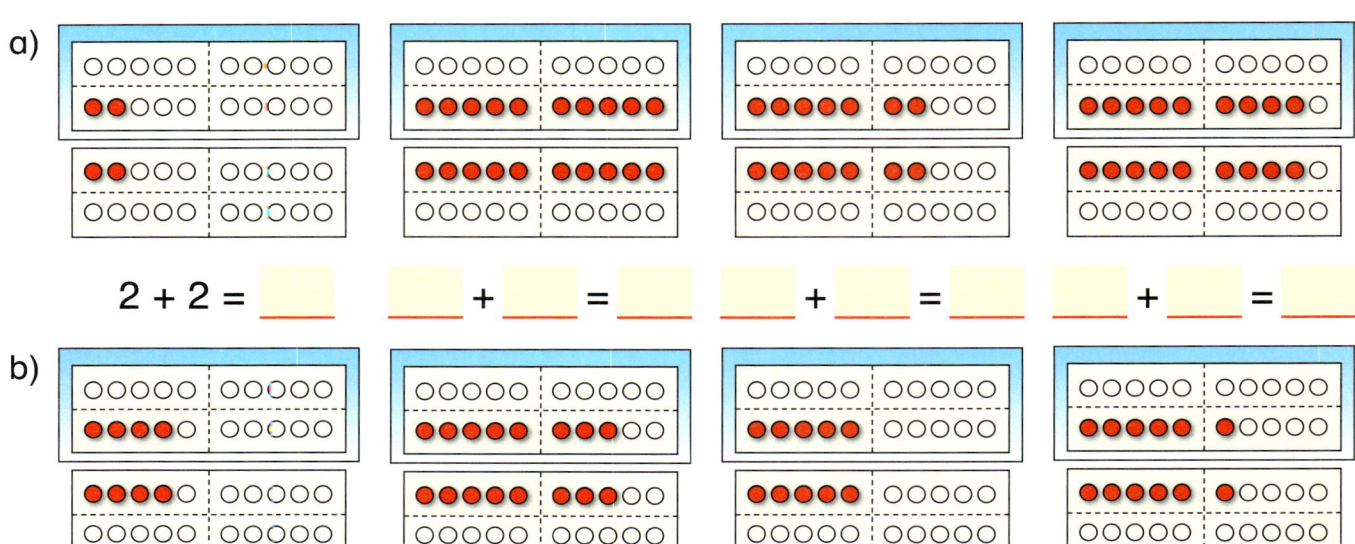

1 Legt Plättchen und verdoppelt mit dem Spiegel. Rechnet.

2 Schreibe die Rechnungen auf.

a)

$2 + 2 = $ ___   ___ $+$ ___ $= $ ___   ___ $+$ ___ $= $ ___   ___ $+$ ___ $= $

b)

___ $+$ ___ $= $ ___   ___ $+$ ___ $= $ ___   ___ $+$ ___ $= $ ___   ___ $+$ ___ $= $

3 Verdopple.

So stelle ich mir das vor.

a) $4 + 4 = $ ___   b) $1 + 1 = $ ___   c) $5 + 5 = $ ___

$6 + 6 = $ ___ $8 + 8 = $ ___ $3 + 3 = $ ___

$2 + 2 = $ ___ $7 + 7 = $ ___ $9 + 9 = $ ___

$5 + 5 = 10$ und dann noch 4.

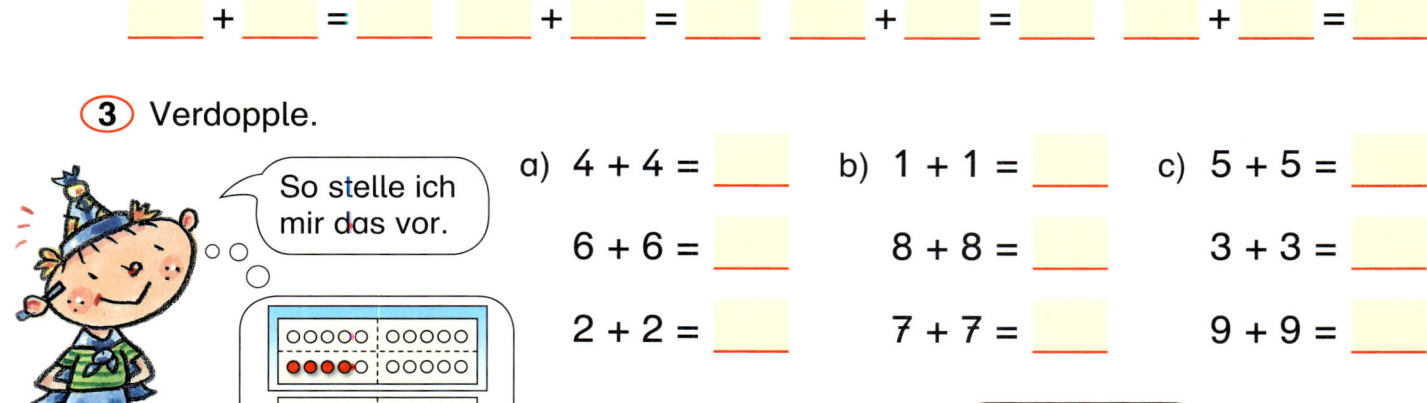

4 Spielt „Finger spiegeln".
Du zeigst eine Zahl. Dein Partner zeigt die gleiche Anzahl. Wie viele sind es zusammen?

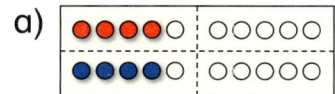

12 Plättchen. Lass uns teilen.

Jeder bekommt die Hälfte.

5 Halbiere.

a)

$8 = 4 + 4$ $10 = \underline{} + \underline{}$ $\underline{} = \underline{} + \underline{}$ $\underline{} = \underline{} + \underline{}$

b)

$\underline{} = \underline{} + \underline{}$ $\underline{} = \underline{} + \underline{}$ $\underline{} = \underline{} + \underline{}$ $\underline{} = \underline{} + \underline{}$

6 Halbiere.

So stelle ich mir das vor.

a) $14 = \underline{} + \underline{}$ b) $18 = \underline{} + \underline{}$ c) $10 = \underline{} + \underline{}$

$6 = \underline{} + \underline{}$ $16 = \underline{} + \underline{}$ $8 = \underline{} + \underline{}$

$2 = \underline{} + \underline{}$ $20 = \underline{} + \underline{}$ $12 = \underline{} + \underline{}$

7 Suche Zahlen, die du halbieren kannst. Schreibe so:

$12 = 6 + 6$

15 geht nicht

8 Verdopple und halbiere in deinem Lernheft.

Schreibe so: $1 + 1 = 2$ $2 = 1 + 1$

1 + 1 = 2   2 = 1 + 1
2 + 2 = 4   4 =
            6 =

9 Kannst du auch diese Zahlen verdoppeln?   11, 15, 20, 50, …
… und halbieren?   24, 40, 50, 80, 100, …

Schreibe auf.

(1) Bim hat die Verdopplungsaufgabe verändert. Erkläre.

4 + 5 = ___   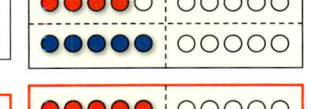   5 + 4 = ___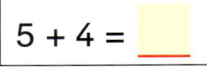

5 + 5 = ___   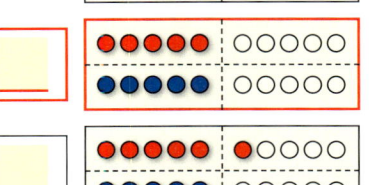   5 + 5 = ___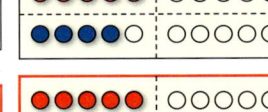

6 + 5 = ___   5 + 6 = ___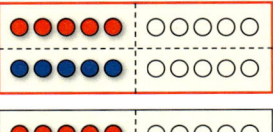

(2) Verdopplungsaufgaben und ihre Nachbaraufgaben

a)

| 5 + 6 = ___ | 6 + 5 = ___ | 8 + 9 = ___ | 9 + 8 = ___ |

| 6 + 6 = ___ | 6 + 6 = ___ | 9 + 9 = ___ | 9 + 9 = ___ |

| 7 + 6 = ___ | 6 + 7 = ___ | 10 + 9 = ___ | 9 + 10 = ___ |

b)   c)

| ___ + ___ = ___ | ___ + ___ = ___ | ___ + ___ = ___ | ___ + ___ = ___ |

| 3 + 3 = ___ | 3 + 3 = ___ | 8 + 8 = ___ | 8 + 8 = ___ |

| ___ + ___ = ___ | ___ + ___ = ___ | ___ + ___ = ___ | ___ + ___ = ___ |

(3) Nachbaraufgaben gesucht. Schreibe ins Heft.

a) | 4 + 4 | b) | 2 + 2 | c) | 7 + 7 | d) | 10 + 10 | e) | ? |

(4) Welche Verdopplungsaufgabe hilft?
Schreibe beide Rechnungen auf.

Verdopplungsaufgaben
bis 20 solltest du
auswendig können!

a) 5 + 6 = ___   b) 6 + 7 = ___   c) 7 + 6 = ___

   9 + 10 = ___   9 + 8 = ___   7 + 8 = ___

   8 + 9 = ___   6 + 5 = ___   8 + 7 = ___

Simsala erfindet Rechenfamilien.

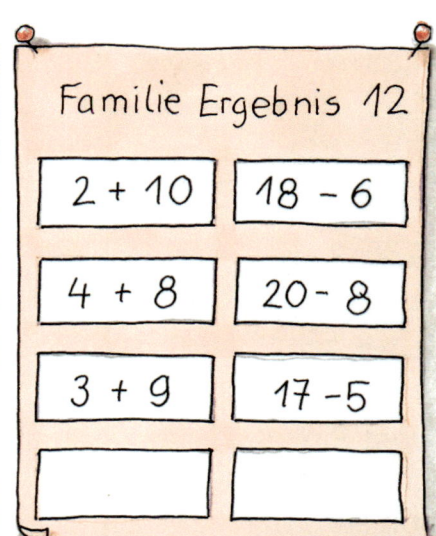

Familie Ergebnis 14

12 + 2	15 – 1
10 + 4	16 – 2
11 + 3	14 – 0

Familie Ergebnis 12

2 + 10	18 – 6
4 + 8	20 – 8
3 + 9	17 – 5

Ich finde noch mehr Aufgaben.

Kannst du deine Aufgaben ordnen?

5 Welche Rechnungen findest du noch?
Schreibe sie auf.

6 Finde viele Aufgaben zu diesen Rechenfamilien.

| Familie Ergebnis 10 | Familie Ergebnis 20 | Familie Ergebnis … |

☐ + ☐   ☐ – ☐   ☐ + ☐   ☐ – ☐   ☐ + ☐   ☐ – ☐
…   …   …   …   …   …

7 Ergänze die Aufgaben so, dass sie zur Familie passen.

a) **Familie Ergebnis 13**

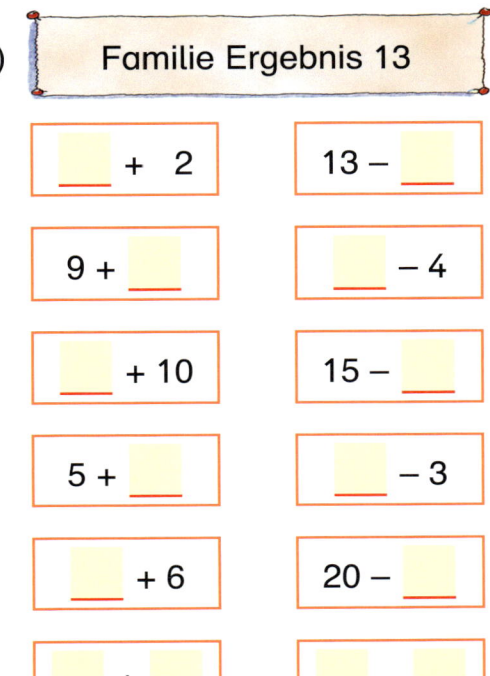

☐ + 2	13 – ☐
9 + ☐	☐ – 4
☐ + 10	15 – ☐
5 + ☐	☐ – 3
☐ + 6	20 – ☐
☐ +	☐ –

b) **Familie Ergebnis 9**

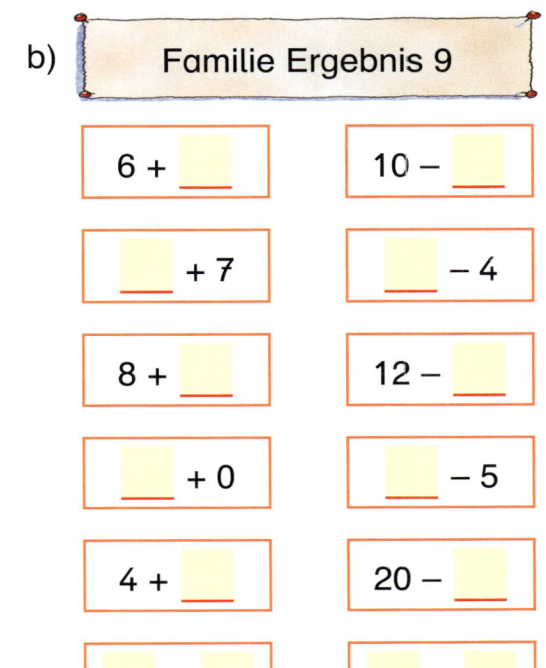

6 + ☐	10 – ☐
☐ + 7	☐ – 4
8 + ☐	12 – ☐
☐ + 0	☐ – 5
4 + ☐	20 – ☐
☐ +	☐ –

Simsala ordnet Plus-Aufgaben.

leichte Aufgaben

10 + 6
10 + 8
10 + 4
10 + 1
8 + 6

schwere Aufgaben

4 + 7
7 + 5
10 + 5
4 + 8
6 + 9
10 + 2
2 + 9

(1) Wie ordnet Simsala?
a) Welche Aufgaben sind für sie leicht, welche schwer?
b) Ordne wie Simsala. Schreibe so:

leicht			schwer	
1 0 + 6			4 + 7	
1 0 + 8			7 + 5	

(2) So zeichnet und schreibt Simsala ihre schweren Aufgaben:

Zwischenstopp bei 10.

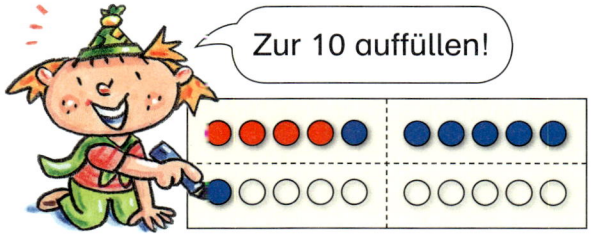

Zur 10 auffüllen!

4 + 7
4 + 6 + 1

Zeichne und rechne wie Simsala.

a)   5 + 7 = ____   5 + 9 = ____   5 + 6 = ____
     5 + 5 + 2 = ____   5 + ___ + ___ = ____   5 + ___ + ___ = ____

b)   7 + 8 = ____   6 + 9 = ____   8 + 7 = ____
     ___ + ___ + ___ = ____   ___ + ___ + ___ = ____   ___ + ___ + ___ = ____

(3) Es geht auch kürzer. Schreibe so.

a)   3 + 8 = ____   7 + 4 = ____   6 + 5 = ____   8 + 3 = ____
        7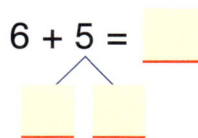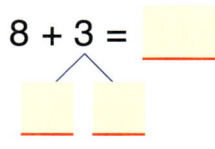

b)   6 + 8 = ____   7 + 6 = ____   8 + 4 = ____   9 + 2 = ____

(4) Rechne Simsalas schwere Aufgaben von Nr. 1.

(5) Erfinde selbst Aufgaben mit Zwischenstopp bei 10.

Bim ordnet Minus-Aufgaben.

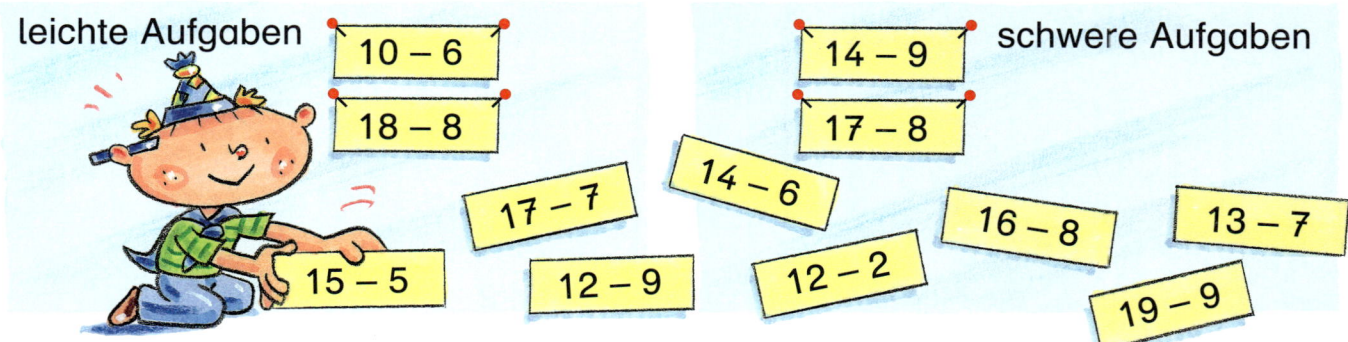

6 Wie ordnet Bim?
   a) Welche Aufgaben sind für ihn leicht, welche schwer?
   b) Ordne wie Bim. Schreibe so:

	leicht			schwer	
1	6 – 6		1	4 – 9	
1	8 – 8		1	7 – 8	

7 So zeichnet und schreibt Bim seine schweren Aufgaben:

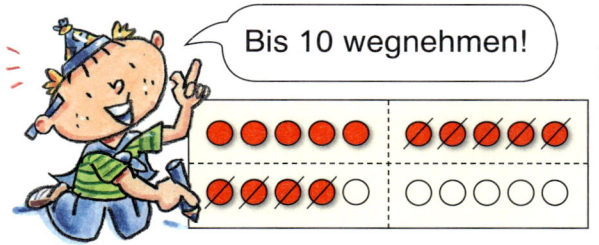

Bis 10 wegnehmen!

Zwischenstopp bei 10.

$$14 - 9$$
$$14 - 4 - 5$$

Zeichne und rechne wie Bim.

a) 15 – 6 = ▢   11 – 6 = ▢   13 – 8 = ▢
   15 – 5 – 1 = ▢   ▢ – ▢ – ▢ = ▢   ▢ – ▢ – ▢ = ▢

b) 12 – 7 = ▢   15 – 9 = ▢   15 – 7 = ▢
   ▢ – ▢ – ▢ = ▢   15 – ▢ – ▢ = ▢   15 – ▢ – ▢ = ▢

8 Es geht auch kürzer. Schreibe so.

a) 14 – 5 = ▢   16 – 7 = ▢   12 – 3 = ▢   13 – 4 = ▢

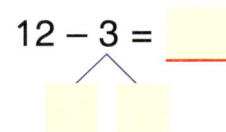

b) 13 – 6 = ▢   12 – 4 = ▢   11 – 2 = ▢   14 – 8 = ▢

9 Rechne Bims schwere Aufgaben von Nr. 6.

10 Erfinde selbst Aufgaben mit Zwischenstopp bei 10.

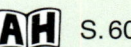
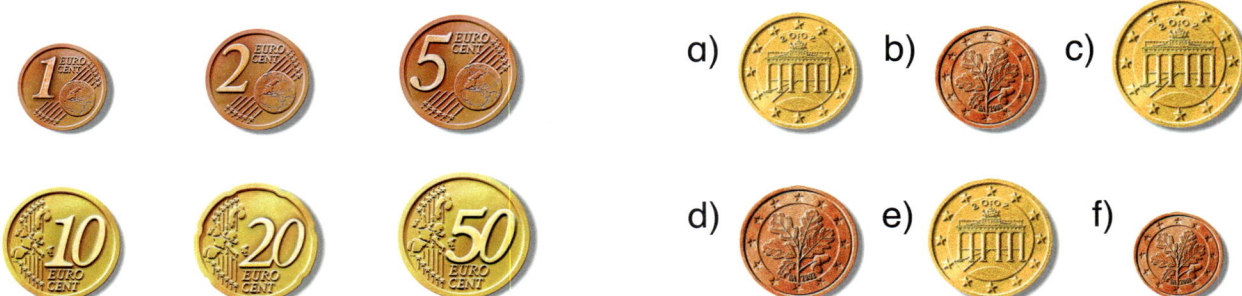

(1) Vergleiche die Münzen.
Welche Rückseite gehört zu welcher Münze?

(2) Lege die Beträge mit möglichst wenigen Münzen. Schreibe auf.

a) 1 ct , 2 ct , 3 ct , 4 ct , 5 ct , ... 10 ct ,

b) 11 ct , 12 ct , 13 ct , 14 ct , 15 ct , ... 20 ct .

1 ct	①	
2 ct	②	
3 ct	②	①

Ich brauche höchstens 4 Münzen.

Hat Bim Recht?

⭐ Findest du Beträge, die man nicht mit 4 Münzen legen kann?

(3) 10 erreicht – gewonnen!

Spielt so: Wer zu 10 ct auffüllt, gewinnt ein -Stück.

Wer gewinnt die meisten 🪙-Stücke?

2 Cent dazu ... gewonnen!

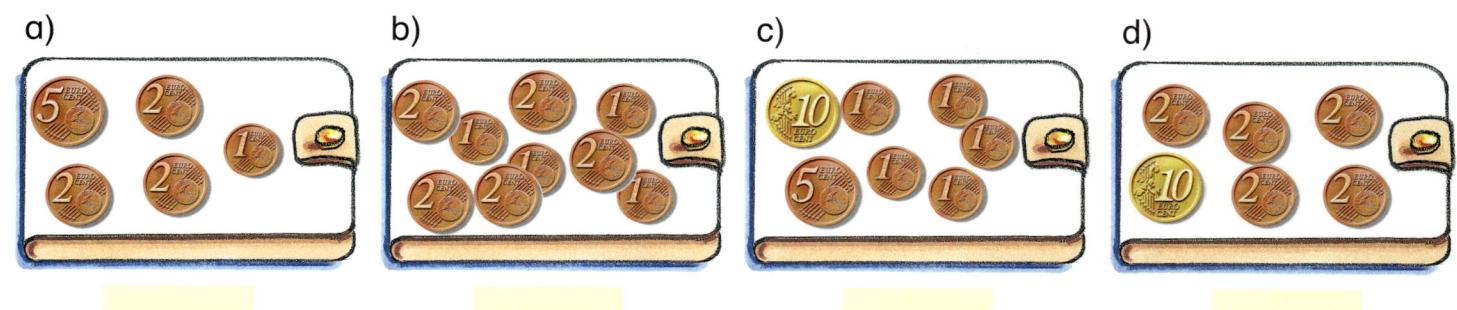

(4) Wie viel Geld ist es? Zähle geschickt.

a) _____

b) _____

c) _____

d) _____

Legt selbst Beträge und schreibt die Ergebnisse auf.

(5) Geld schnell gezählt.

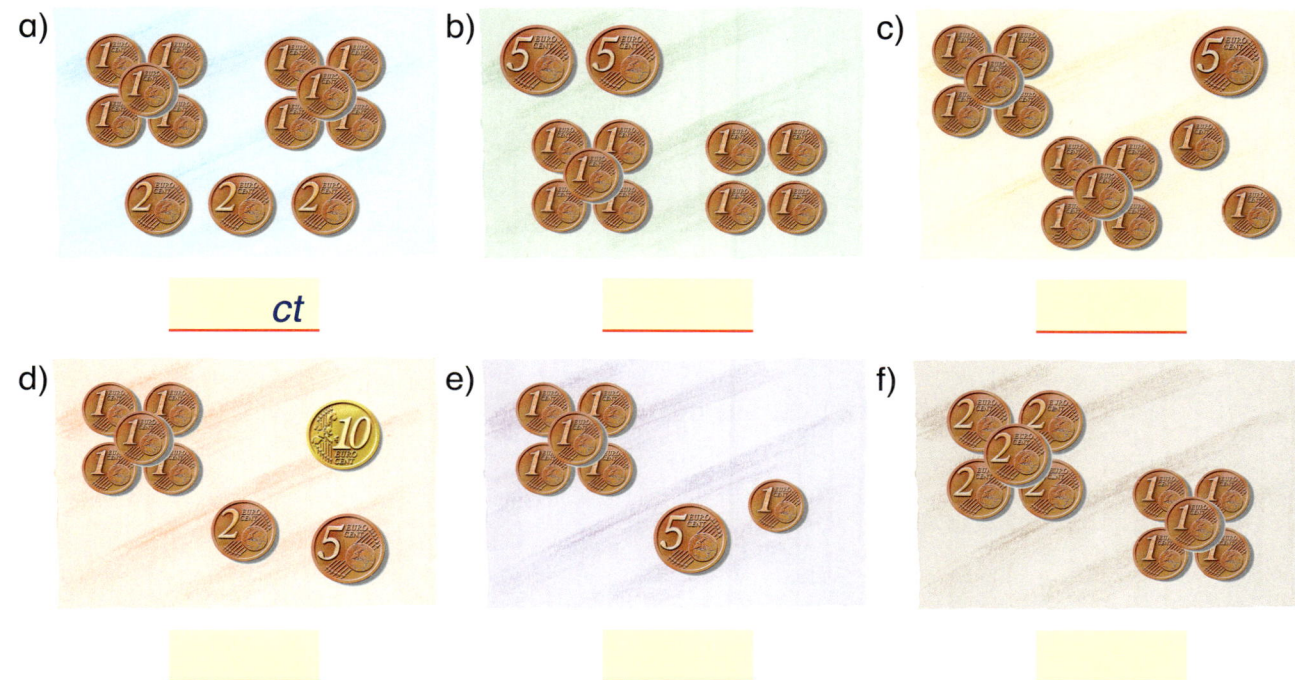

a) _____ *ct*

b) _____

c) _____

d) _____

e) _____

f) _____

g) Lege Beträge so, dass dein Partner sie schnell zählen kann.

(6) Welche Münzen fehlen? Ergänze.

a) 20 ct   20 ct   20 ct

b) 15 ct   15 ct

Fragen und Antworten

AH S. 61/62

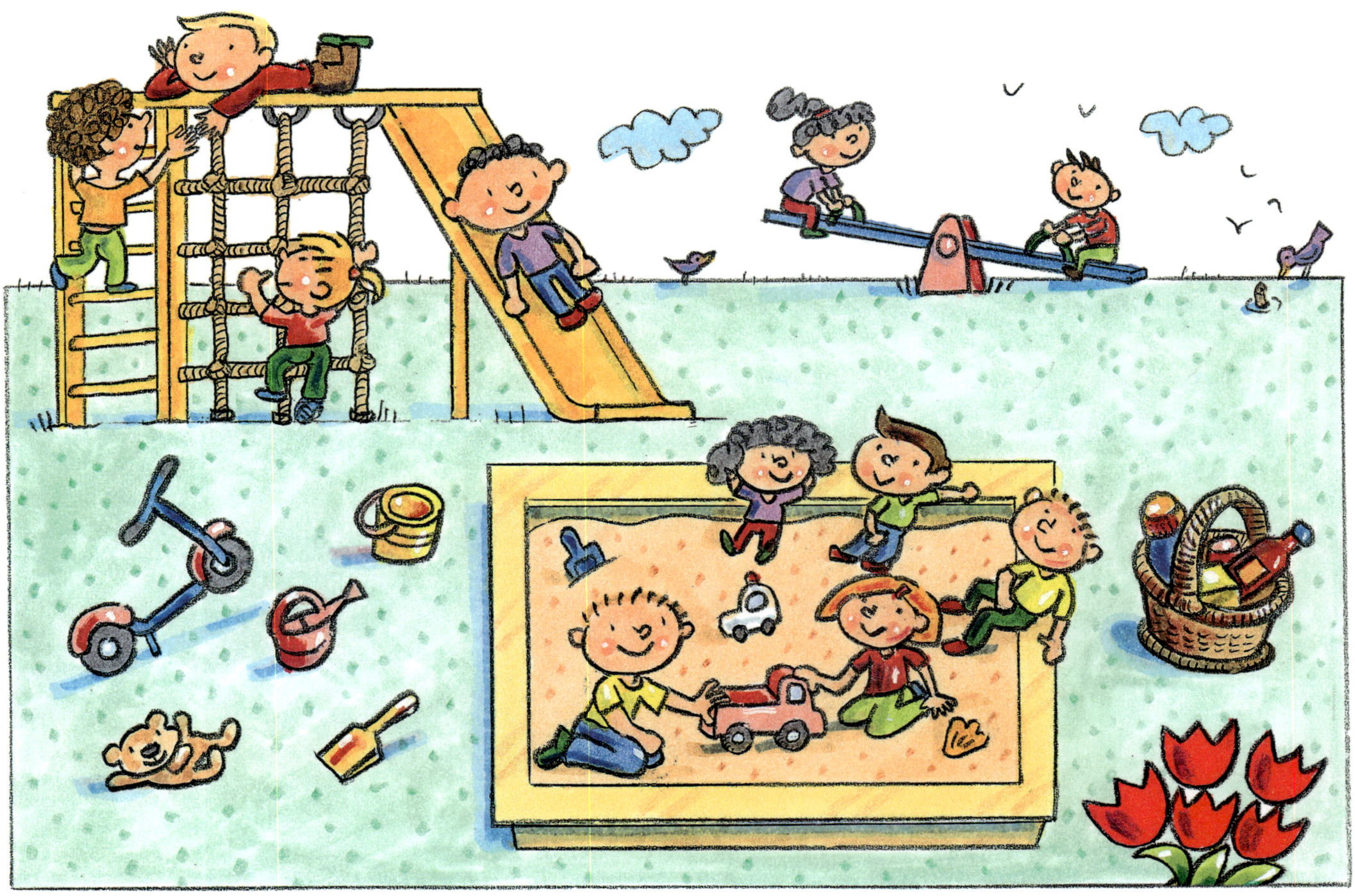

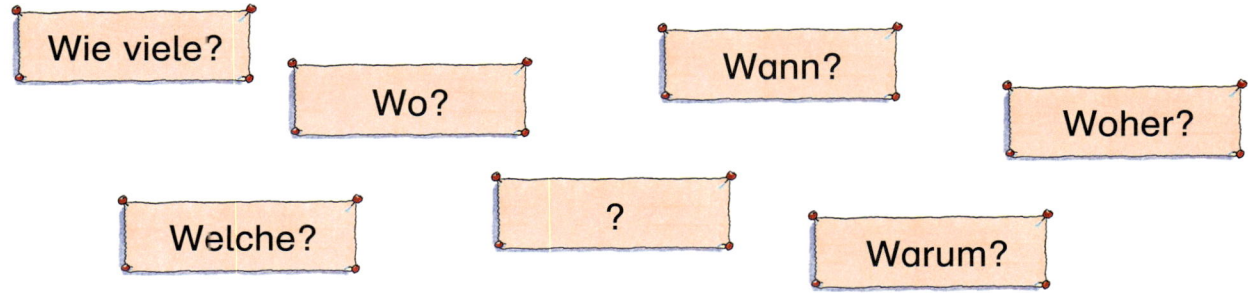

① Finde Fragen. Kannst du sie beantworten?

Wie viele? | Wo? | Wann? | Woher?

Welche? | ? | Warum?

Welche Fragen kannst du durch Zählen oder durch Rechnen beantworten?

② Beantworte diese Fragen:

a) Wie viele Kinder sind im Sandkasten?

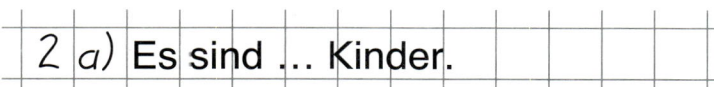

2 a) Es sind ... Kinder.

b) Wo sind die meisten Kinder?

c) Wie viele Kinder sind es insgesamt?

d) Wie viele Kinder sind auf dem Klettergerüst?

e) Wie viele Jungen sind es mehr als Mädchen?

Stellt noch mehr Fragen zum Bild.

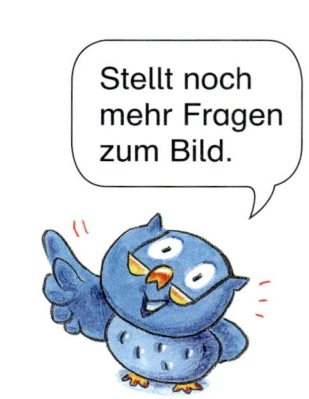

3 Andere Spielplatzgeschichten. Finde Fragen, rechne und antworte.

a) 5 Kinder sind im  . Es kommen 3 dazu.

Wie viele Kinder sind es dann?

5	+	3	=	

Dann sind es _____ Kinder.

b) Am 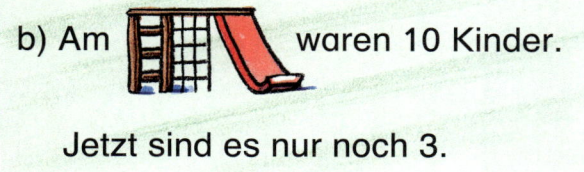 waren 10 Kinder.

Jetzt sind es nur noch 3.

c) Auf der 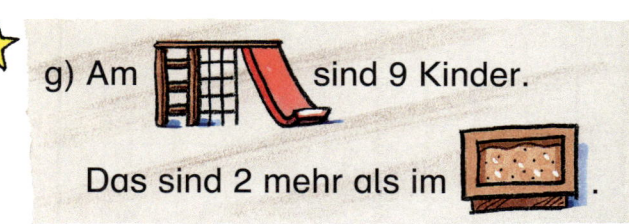 waren 6 Kinder.

Jetzt sind es nur noch 2.

d) 7 Kinder sind auf dem  . 4 springen herunter.

e) 11 Kinder sind auf dem . 5 gehen nach Hause.

f) Auf der sind 4 Kinder. Im 5 und auf dem 2.

g) Am  sind 9 Kinder. Das sind 2 mehr als im .

4 Finde zu jedem Bild mehrere Fragen. Rechne und antworte.

a)

b)

95

nimmt weg

verliert

legt dazu

gewinnt

Simsala hat 10 Murmeln.
Sie legt noch 5 dazu.

1 Erzählt mit diesen Wörtern Rechengeschichten.

Schreibt die Rechnungen auf.

$$1\ 0\ +\ 5\ =\ 1\ 5$$

2 Schreibt oder malt Rechengeschichten zu 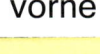 schenkt oder kauft .

vorne

Lisa hat 12 Aufkleber.
Sie schenkt Leo 5.
Wie viele Aufkleber hat
sie noch?

hinten

$$12 - 5 = 7$$

Auf
Karteikarten

Oder so:

$$8 + 5 = 13$$

Sach-
aufgaben

3 Lies deine Rechengeschichten vor. Wer findet die Rechnung?

4 Schreibt weitere Geschichten zu Tieren, Sport, …

5 Rechengeschichten von anderen Kindern: Rechne.

a) Stefan hat 9 weiße Mäuse.
Sie bekommen 8 Junge.

$$9 + \quad =$$

b) In der Kiste sind 20 Flaschen.
Die Kinder trinken alle aus.

c) Hanna hat 15 Murmeln.
Sie gibt 6 davon her.
Wie viele hat sie noch?

d) Lisa hat 8 Bonbons.
Ali hat 6. Wie viele
Bonbons hat Lisa mehr?

e) Eine Mannschaft hat schon 11 Spieler.
Die andere hat erst 5. Sie sollen gleich
groß werden. Wie viele Spieler müssen
dazukommen?

f) 18 Kinder sitzen im Bus.
3 steigen aus.

6 Aus der Sachrechnenkartei. Erzähle Rechengeschichten und rechne.

a)

b)
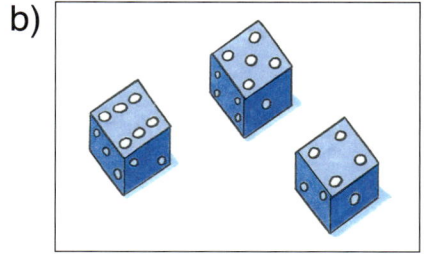  

7 Male oder schreibe zu diesen Rechnungen.

$$7 + 5 = 12 \qquad 7 + 2 = 9 \qquad 8 - 4 = 4$$

3 + 8 = 11
8 + 3 = 11
Amelie

6 + 7 = 13
6 + 6 = 12
Clara

8 + 5 = 13
   2 3
Leon

9 + 6 = 15
10 + 6 = 16
Marek

1 Wie haben die Kinder gerechnet?

Zwischenstopp bei 10

Tauschaufgabe

Nachbaraufgabe

Nahe an der 10

2 Wie rechnest du?

7 + 8	5 + 6	9 + 7
9 + 5	8 + 5	8 + 4
8 + 9	6 + 9	6 + 5

Rechne und erkläre deinen Weg.

3 Bim hat seine Plusaufgaben nach Rechenwegen sortiert.
Weißt du nach welchen? Erkläre und rechne.

a) 7 + 6   b) 4 + 7   c) 9 + 4   d) 8 + 5
   6 + 5   2 + 9   6 + 9   8 + 3
   8 + 7   3 + 8   7 + 9   7 + 5

8 + 9

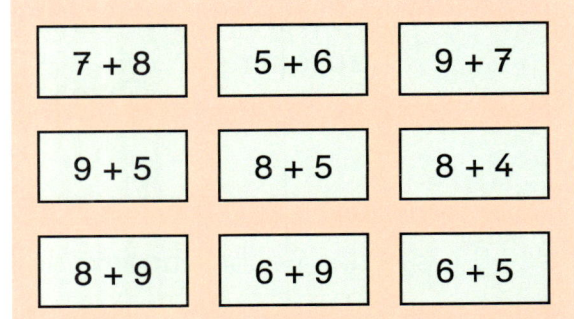

Was mache ich mit dieser Aufgabe?

⭐ Finde jeweils weitere Aufgaben.

4 Wie löst du diese Aufgaben? Erkläre.

a) 8 + 9   b) 9 + 8   c) 9 + 9   d) 6 + 9   e) 3 + 9
   7 + 8   7 + 9   9 + 11   5 + 8   8 + 9
   6 + 3   4 + 9   5 + 6   4 + 8   5 + 7

16 − 8 = 8
Mateja

12 − 9 = 3
12 − 10 = 2
Stefan

15 − 7 = 8
  5 2
Henrik

5 Wie haben die Kinder gerechnet?

Die Hälfte

Zwischenstopp bei 10

Nahe an der 10

6 Wie rechnest du?

13 − 9	17 − 9	13 − 7
12 − 6	18 − 9	12 − 3
14 − 6	14 − 7	15 − 9

Rechne und erkläre deinen Weg.

7 Auch Simsala hat ihre Aufgaben nach Rechenwegen sortiert.
Weißt du nach welchen? Erkläre und rechne.

a) 14 − 7   b) 13 − 6   c) 15 − 9
   16 − 8   15 − 7   16 − 9
   20 − 10   17 − 9   12 − 9

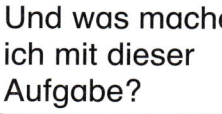

18 − 9

Und was mache ich mit dieser Aufgabe?

⭐ Finde jeweils weitere Aufgaben.

8 Wie löst du diese Aufgaben? Erkläre.

a) 15 − 8   b) 18 − 3   c) 12 − 7   d) 13 − 4   e) 13 − 7
   13 − 9   11 − 6   11 − 8   8 − 4   15 − 9
   10 − 5   20 − 10   18 − 9   13 − 8   12 − 6

1 Zahlen im Zwanzigerfeld

a)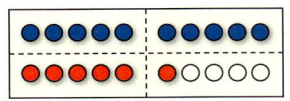

$\underline{1}$ Z $\underline{3}$ E = $\underline{10}$ + $\underline{3}$ = $\underline{13}$

b)

___ Z ___ E = ___ + ___ = ___

c)

___ Z ___ E = ___ + ___ = ___

d)

___ Z ___ E = ___ + ___ = ___

2 Ordne die Zahlen nach der Größe.

14	11	9	12	17	20	13	10

3 Im Zwanzigerfeld – Wie heißen die fehlenden Zahlen?

a)
8	9
18	

b)
	8
	18

c)
	10
19	

d)
12	

e)
	7

f)

4 Immer eine große und eine kleine Aufgabe gehören zusammen.

16 – 3 = ___   13 + 4 = ___   6 – 3 = ___   4 + 5 = ___

14 + 5 = ___   9 – 5 = ___

17 – 6 = ___   19 – 5 = ___   7 – 6 = ___   3 + 4 = ___

5 Die kleine Aufgabe hilft.

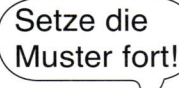 Setze die Muster fort!

a) 13 + 4 = ___   b) 15 – 3 = ___   c) 19 – 5 = ___   d) 13 + 6 = ___

11 + 7 = ___   18 – 5 = ___   13 + 5 = ___   18 – 8 = ___

12 + 5 = ___   16 – 4 = ___   20 – 7 = ___   14 + 6 = ___

6 Verdopplungsaufgaben und ihre Nachbaraufgaben.

___ + ___ = ___	___ + ___ = ___	___ + ___ = ___	___ + ___ = ___
7 + 7 = ___	6 + 6 = ___	8 + 8 = ___	5 + 5 = ___
___ + ___ = ___	___ + ___ = ___	___ + ___ = ___	___ + ___ = ___

7 Rechentipp: Verdopplungsaufgabe

7 + 6 = ___   8 + 7 = ___   6 + 5 = ___   8 + 9 = ___

8 Rechentipp: Nahe an der 10

9 + 5 = ___   6 + 9 = ___   16 − 9 = ___   13 − 9 = ___

10 + ___ = ___   ___ + ___ = ___   ___ − ___ = ___   ___ − ___ = ___

9 Rechentipp: Zwischenstopp bei 10

a) 7 + 5 = ___   8 + 6 = ___   6 + 7 = ___   8 + 4 = ___
       3   2   ___ ___   ___ ___   ___ ___

b) 14 − 8 = ___   16 − 7 = ___   15 − 6 = ___   17 − 8 = ___
       ___ ___   ___ ___   ___ ___   ___ ___

10 Rechne auf deinem Weg.

a) 9 + 7 = ___   b) 4 + 7 = ___   c) 15 − 7 = ___   d) 11 − 4 = ___

   7 + 6 = ___   8 + 9 = ___   13 − 9 = ___   17 − 9 = ___

   8 + 5 = ___   3 + 8 = ___   14 − 6 = ___   16 − 8 = ___

Wege zum Piratenschatz

① Wo ist der Schatz versteckt?
Beschreibe den Weg zum Schatz.

② Was kannst du auf dem Bild noch entdecken?
Erzähle.

auf · über · hinter · zwischen · neben

③ Malt ein Bild zur Schatzsuche.
Tauscht eure Bilder.
Beschreibt die Wege.

④ Das Klassenzimmer als Schatzinsel:

Ein Kind geht hinaus.
Der Schatz wird versteckt.
Das Kind soll den Schatz mit eurer Hilfe finden.

Beschreibt einen kurzen oder einen langen Weg.

Wer findet die Maus im Bild?

5 Das Schatzkartenspiel

 Wer kommt am schnellsten zum Schatz?

Ihr braucht:  und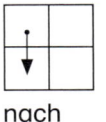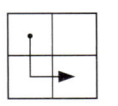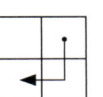

nach unten

nach unten, dann nach rechts

nach unten, dann nach links

So geht es: – Kärtchen verdeckt hinlegen.
– Spielsteine auf die Boote stellen.
– Der Jüngste beginnt. Ein Kärtchen aufdecken.
– Den aufgezeichneten Weg gehen oder das Kärtchen zuerst drehen, dann gehen.

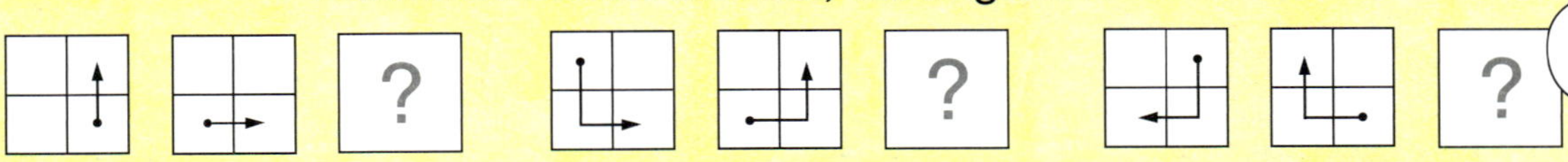

Dreh deine Kärtchen.

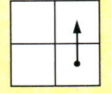  ? 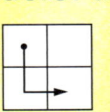 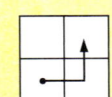 ?  ?

nach ...   nach ...   nach ...   nach ...   nach ...   nach ...   nach ...   nach ...   nach ...

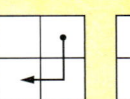 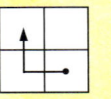

103

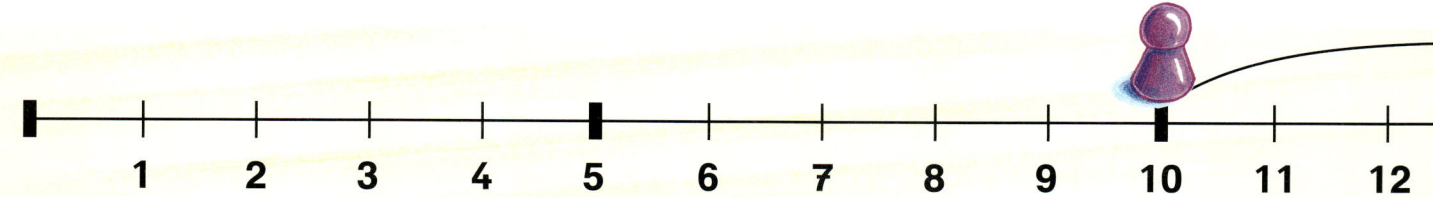

```
|———|———|———|———|———|———|———|———|———|———|———|———|
1   2   3   4   5   6   7   8   9   10  11  12
```

1 Spiel: Startet bei 10. Zieht immer eine
Plus- und eine Minuskarte. Springt.
Wer erreicht die größte Zielzahl?
Spielt auch mit anderen Startzahlen.

$+8$ $+4$ $+3$ -2 -3 -6

2 Wie heißt die Zielzahl? Kontrolliere mit dem Zahlenstrahl.

a) $1 \; (+4) = \_\_$ b) $10 \; (-1) = \_\_$ c) $12 \; (+3) = \_\_$ d) $19 \; (-3) = \_\_$

$3 \; (+2) = \_\_$ $9 \; (-3) = \_\_$ $9 \; (+2) = \_\_$ $13 \; (-3) = \_\_$

$7 \; (+3) = \_\_$ $4 \; (-4) = \_\_$ $8 \; (+4) = \_\_$ $14 \; (-2) = \_\_$

$8 \; (+2) = \_\_$ $7 \; (-6) = \_\_$ $7 \; (+7) = \_\_$ $11 \; (-2) = \_\_$

Überlege:
Woran erkennst du + oder –?

3 Plus- oder Minuskarte?

a) $5 \; (\;\;) = 7$ b) $2 \; (\;\;) = 6$ c) $12 \; (\;\;) = 15$ d) $18 \; (\;\;) = 17$

$9 \; (\;\;) = 7$ $18 \; (\;\;) = 16$ $17 \; (\;\;) = 13$ $4 \; (\;\;) = 7$

$10 \; (\;\;) = 6$ $9 \; (\;\;) = 11$ $19 \; (\;\;) = 20$ $12 \; (\;\;) = 10$

$1 \; (\;\;) = 3$ $18 \; (\;\;) = 14$ $21 \; (\;\;) = 20$ $14 \; (\;\;) = 12$

4 Schreibe die Rechnung zum Bild auf.

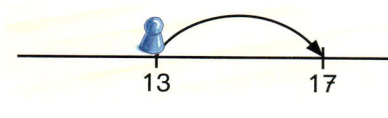
13 → 17

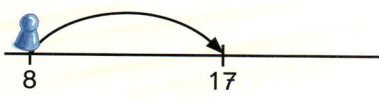
8 → 17

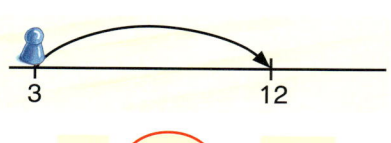
3 → 12

$13 \; (+4) = 17$ $8 \; (\;\;) = \_\_$ $\_\_ \; (\;\;) = \_\_$

9 ← 11

2 → 11

9 → 19

$11 \; (-\;\;) = \_\_$ $\_\_ \; (\;\;) = \_\_$ $\_\_ \; (\;\;) = \_\_$

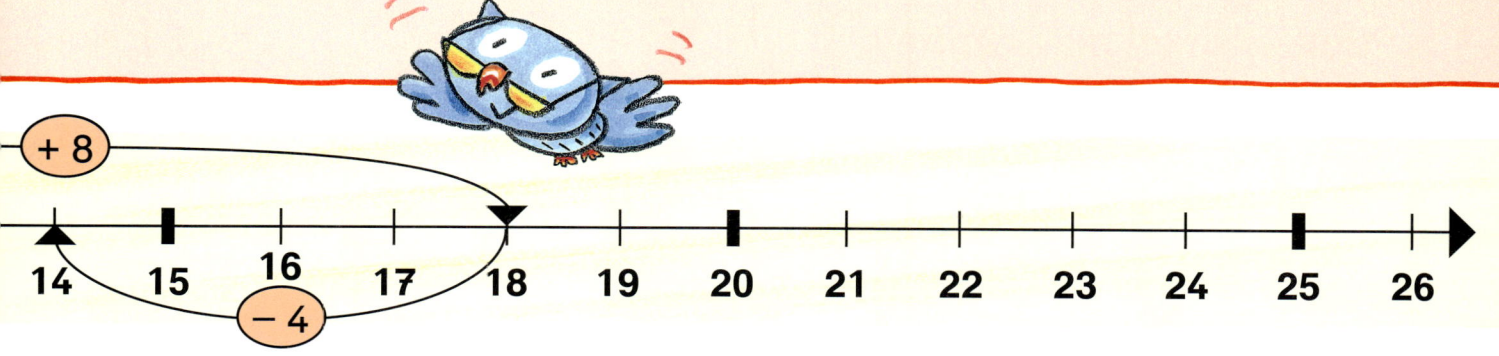

5 Umkehren: Springe zurück zur Startzahl.
Schreibe Aufgabe und Umkehraufgabe auf.

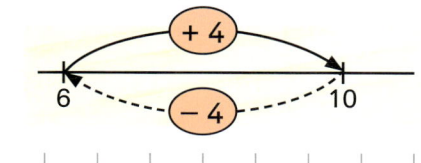

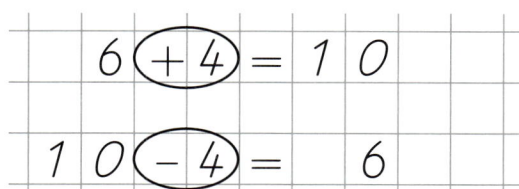

$$6 \; \boxed{+ 4} = 1 \; 0$$
$$1 \; 0 \; \boxed{- 4} = 6$$

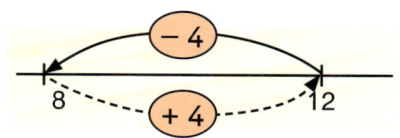

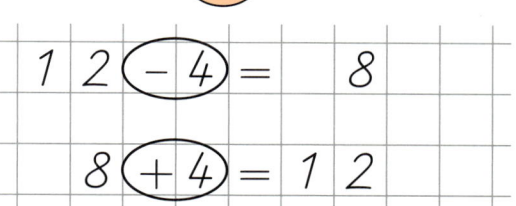

$$1 \; 2 \; \boxed{- 4} = 8$$
$$8 \; \boxed{+ 4} = 1 \; 2$$

a)
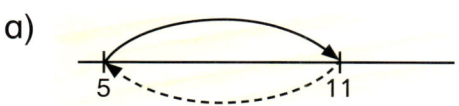

b)
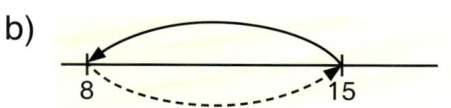

c)
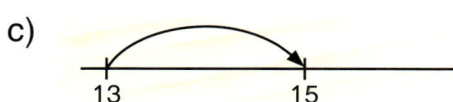

d)

e)
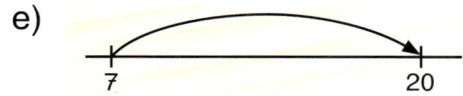

f)

6 Finde die Startzahl mithilfe der Umkehraufgabe.

a)
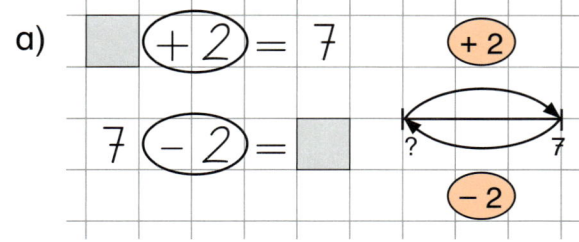

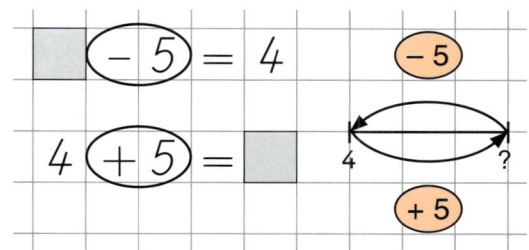

b)

| _____ + 7 = 16 | _____ + 5 = 20 | _____ + 4 = 12 |

16 − 7 = _____   20 − 5 = _____   12 − 4 = _____

c)

_____ − 9 = 7   _____ − 7 = 8   _____ − 5 = 11

7 ⊕(+) = _____   _____ ◯ = _____   _____ ◯ = _____

d)

_____ + 6 = 14   _____ − 8 = 4   _____ + 7 = 16

_____ ◯ = _____   _____ ◯ = _____   _____ ◯ = _____

1 Wie viele Murmeln waren im Sack?

Ich habe einige Murmeln im Sack.

Ich gebe 2 dazu.

Jetzt habe ich 11.

_____ +2 = 11

Warum schreibt Simsala so?

Beim Rechnen hilft mir die Umkehraufgabe.

2 a)

Ich habe einige Murmeln im Sack.
Ich gebe 12 dazu.
Nun habe ich 20.

_____ ◯ = _____

Ich habe einige Murmeln im Sack.
Ich gebe 6 dazu.
Nun habe ich 12.

_____ ◯ = _____

b)

Ich habe einige Murmeln im Sack.
Ich nehme 5 weg.
Jetzt habe ich 12.

_____ ◯ = _____

Ich habe einige Murmeln im Sack.
Ich nehme 8 heraus.
Nun habe ich 4.

_____ ◯ = _____

 c)

Leon bekommt noch 8 Murmeln von Stefan. Clara schenkt ihm 6.
Jetzt hat Leon 22.

_____ ◯ ◯ = _____

Paul bekommt 7 Murmeln.
5 Murmeln verschenkt er.
Jetzt hat Paul 21.

_____ ◯ ◯ = _____

3 Erfindet passende Rätsel und rechnet.

a) _____ + 5 = 12   b) _____ − 2 = 18   c) _____ + 12 = 17   d) _____ − 9 = 8

_____ − 2 = 7   _____ + 6 = 15   _____ − 4 = 11   _____ + 8 = 16

4 Was ist passiert?

Ich habe 15 Murmeln im Sack.

Simsalabim.

Nun sind es 9.

$$15 \quad - \quad \boxed{} \quad = \quad 9$$

Warum schreibt Bim so?

5 a)
Es sind 17 Murmeln im Sack.
Simsalabim.
Nun sind es 11.

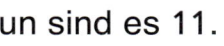

$$\underline{} \; \bigcirc \; = \; \underline{}$$

Es sind 20 Murmeln im Sack.
Simsalabim.
Nun sind es 7.

$$\underline{} \; \bigcirc \; = \; \underline{}$$

b)
Es sind 9 Murmeln im Sack.
Simsalabim.
Nun sind es 14.

$$\underline{} \; \bigcirc \; = \; \underline{}$$

Es sind 10 Murmeln im Sack.
Simsalabim.
Nun sind es 19.

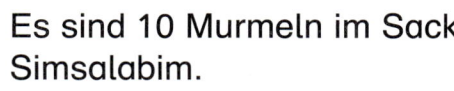

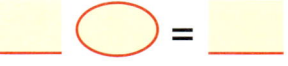

$$\underline{} \; \bigcirc \; = \; \underline{}$$

 c)
Marek hatte 13 Murmeln. Von Jule bekommt er 8.
Amelie schenkt er einige Murmeln.
Jetzt hat er noch 16.

$$\underline{} \; \bigcirc \; \bigcirc \; = \; \underline{}$$

6 Erfindet passende Rätsel und rechnet.

a) $3 + \underline{} = 11$ b) $15 - \underline{} = 12$ c) $14 - \underline{} = 8$ d) $15 + \underline{} = 20$

$5 + \underline{} = 12$ $16 - \underline{} = 11$ $15 - \underline{} = 7$ $16 + \underline{} = 20$

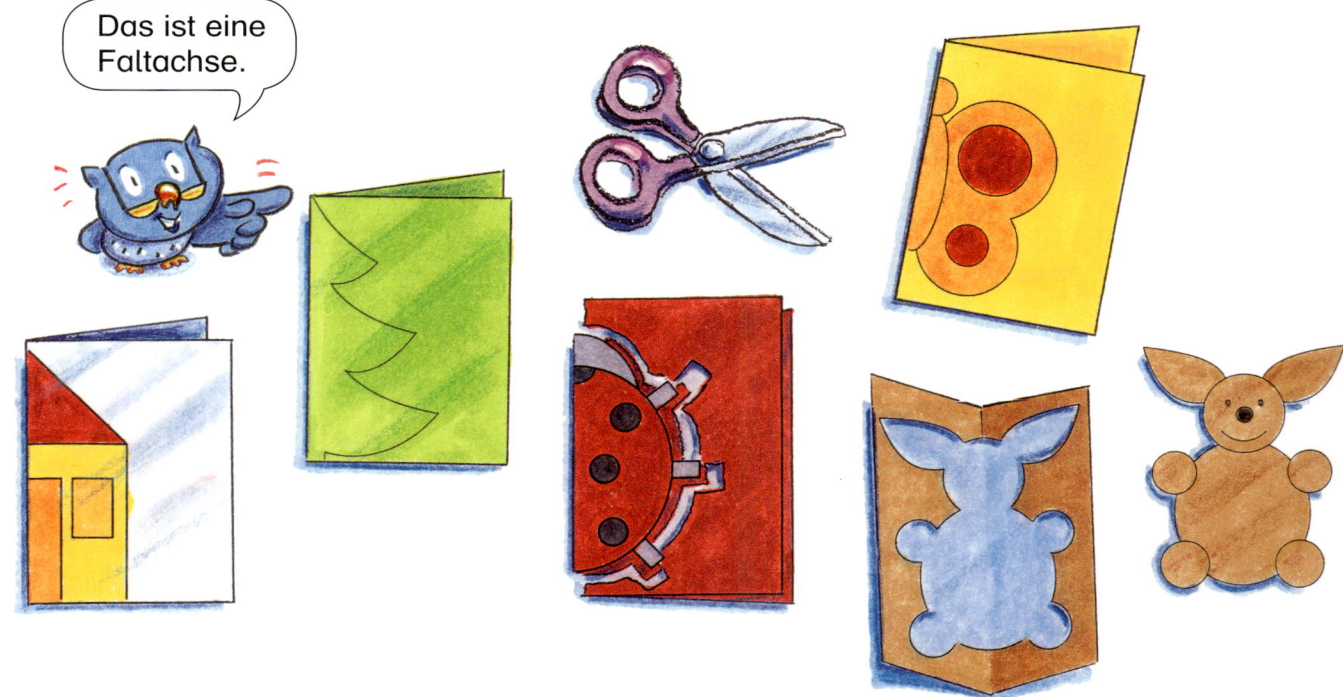

AH S. 72

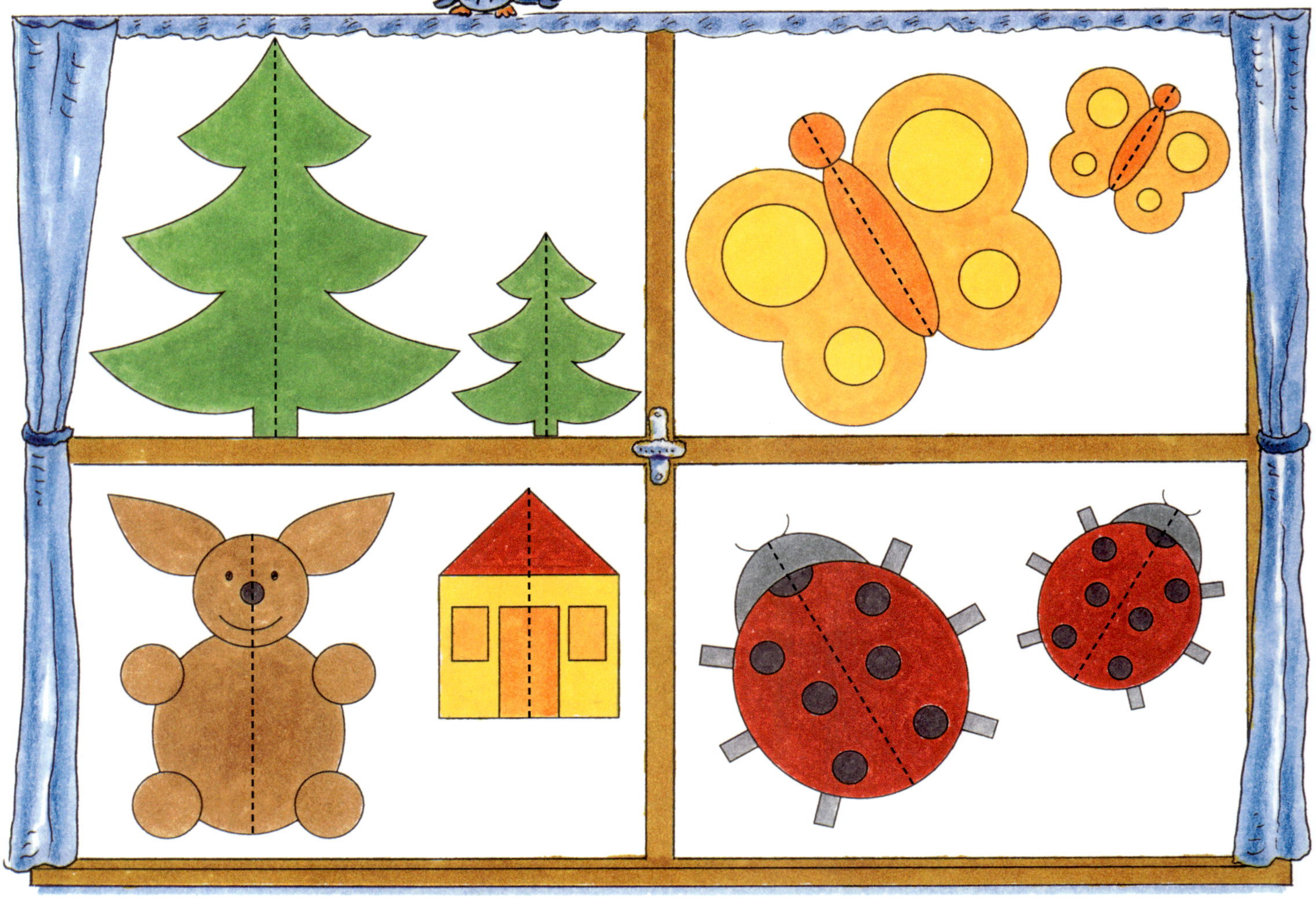

1 Stelle selbst solche Figuren her. Was haben sie gemeinsam?

Das ist eine Faltachse.

2 Gestalte selbst Fensterbilder.
Falte, zeichne und schneide aus.

3 Wie sehen die Bilder vollständig aus?
Benutze den Spiegel.

Das ist die Spiegelachse.

4 Sind beide Hälften gleich?
Prüfe mit dem Zauberspiegel.

Mein Spiegel steht jetzt genau auf der Spiegelachse.

109

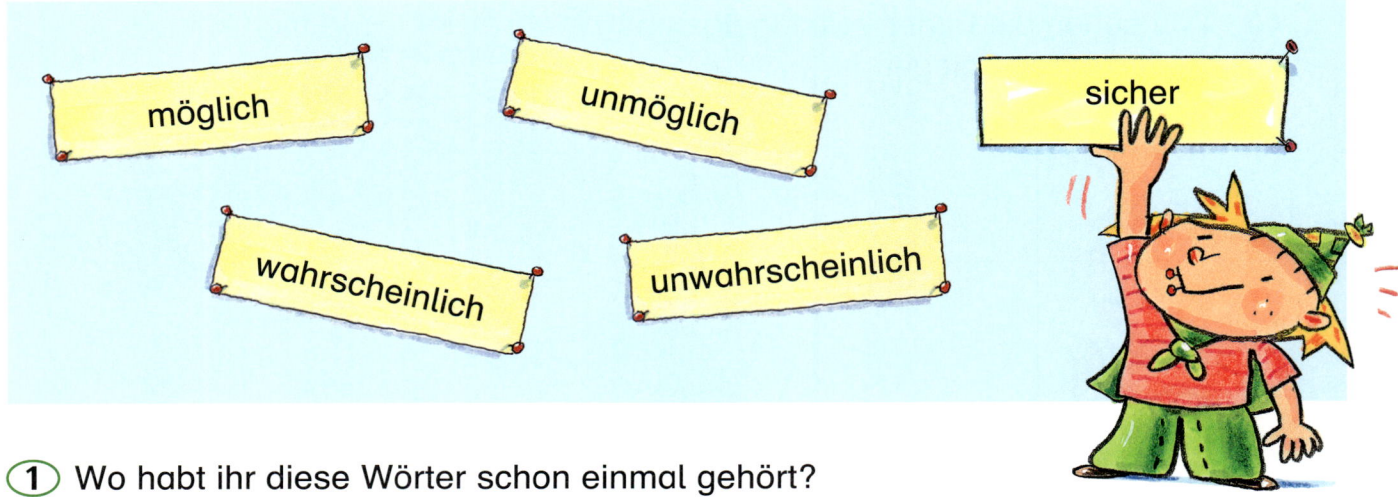

1 Wo habt ihr diese Wörter schon einmal gehört?

a) Sammelt eure Ergebnisse:

möglich	wahrscheinlich	sicher
heute Regen …	Schere vergessen …	Katze hat Maus ins Haus gebracht …

unmöglich	unwahrscheinlich
beim Spiel noch zu gewinnen …	Wandertag fällt morgen aus …

Bim benimmt sich unmöglich!

b) Was bedeuten die Wörter?
Was ist der Unterschied zwischen:

möglich	wahrscheinlich	sicher	?
unmöglich	unwahrscheinlich	?	

2 Was sagst du dazu? Kann das sein?

a) Wahrscheinlich machen wir in diesem Schuljahr noch einen Wandertag.

b) Es ist sicher, dass jedes Kind eine Schwester hat.

c) Es ist unmöglich, dass wir heute noch ein Lied singen.

d) Es ist unwahrscheinlich, dass die Schule morgen um 12 Uhr beginnt.

⭐ e) Erfindet noch andere Sätze mit …

möglich	wahrscheinlich	sicher
unmöglich	unwahrscheinlich	

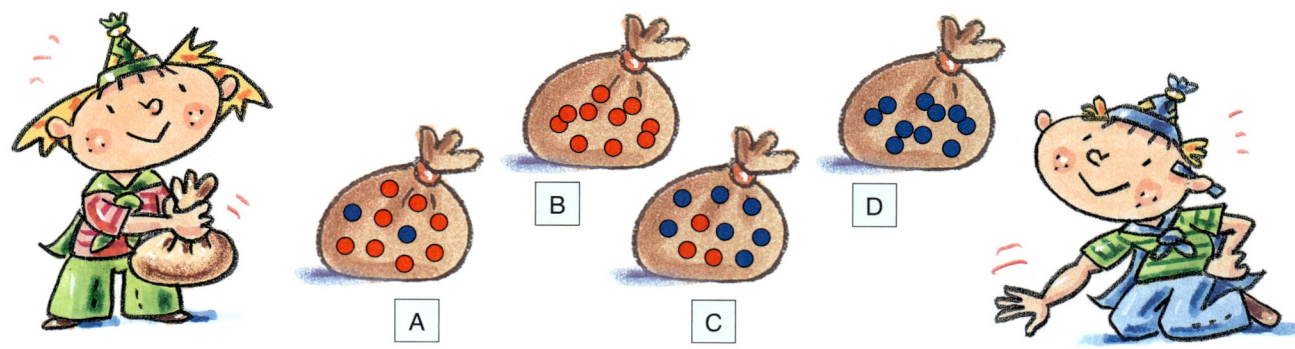

3 Simsala hat verschiedene Beutel mit blauen und roten Murmeln.
Bim möchte bei jedem Beutel eine blaue Kugel ziehen.

a) Welches Wort passt bei welchem Beutel?

| wahrscheinlich | sicher | unmöglich | unwahrscheinlich |

„Es ist _____ , dass Bim eine blaue Kugel zieht."

 b) Wählt einen Beutel und probiert selbst.
Legt die Murmel immer zurück.

Macht 20 Versuche und schreibt auf.

Aus welchem Sack ziehe ich wohl?

c) Hier wird gerade gezogen. Welcher Sack könnte es jeweils sein?

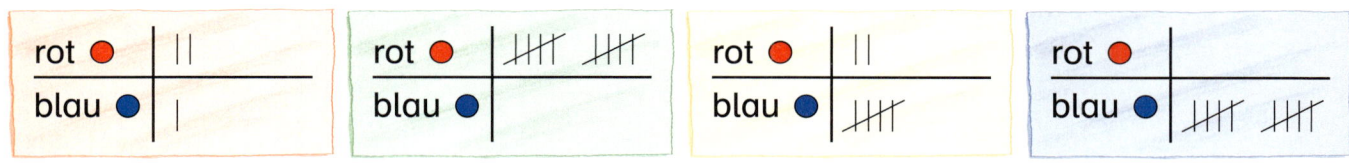

4 Dein Partner will eine blaue Kugel ziehen.
Wie musst du einen Beutel mit 10 Kugeln füllen, damit dies …

a) | unmöglich | ist?

b) | sicher | ist?

c) | wahrscheinlich | ist?

d) | unwahrscheinlich | ist?

e) | möglich | ist?

 Zeichne auf und probiere mit deinem Partner.

Gibt es manchmal auch mehrere Lösungen?

Mehr wahrscheinlich – weniger wahrscheinlich?

Rechendreiecke

1 Wie rechnen die Kinder? Erkläre.

2 Einfache Rechendreiecke

a)

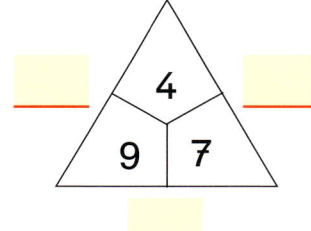
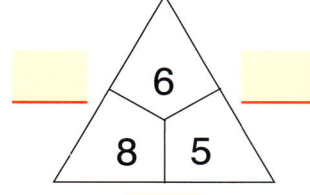
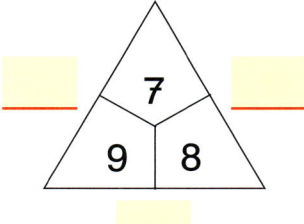

b)

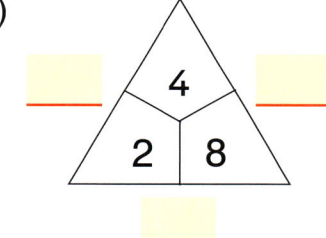
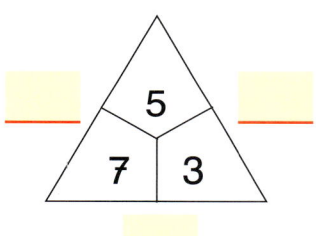
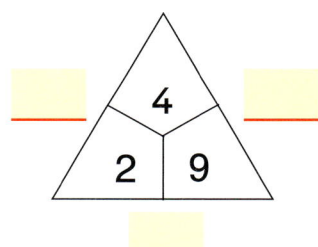

3 Wie löst du diese Dreiecke?

a)

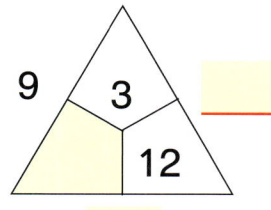
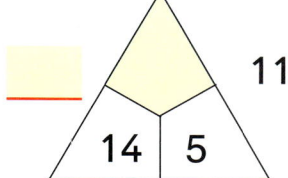
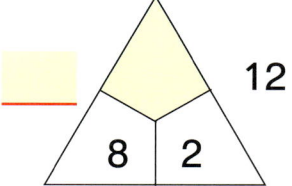

b)

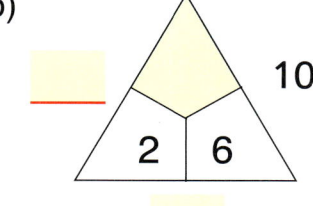
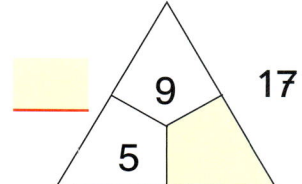
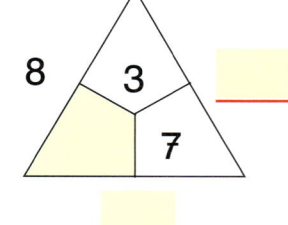

4 Nochmals andere Rechendreiecke

a)

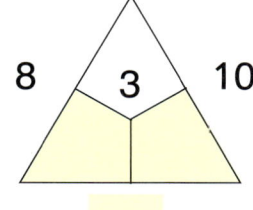
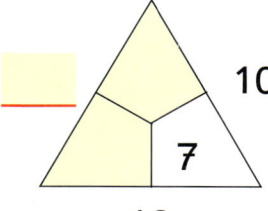
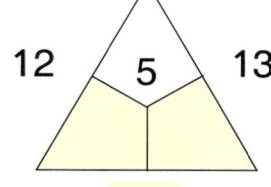

b)

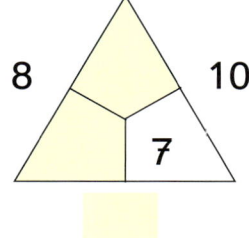
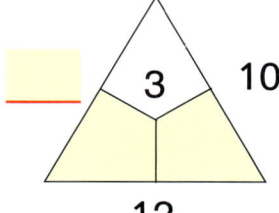
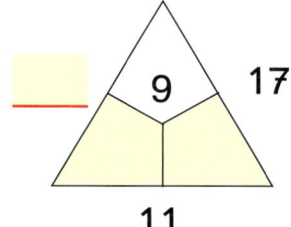

5 Lege und rechne.
a) Immer 10 Plättchen.

Zähle die Außenzahlen
eines Dreiecks zusammen.
Was fällt dir auf?

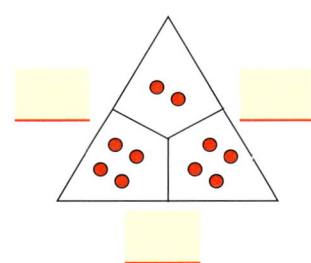
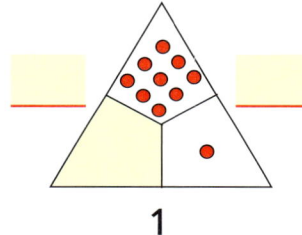
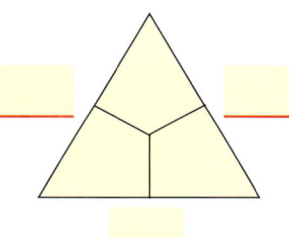

b) Immer 15 Plättchen.

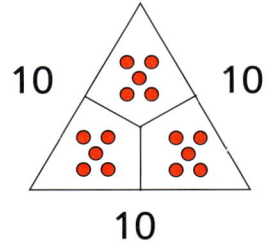
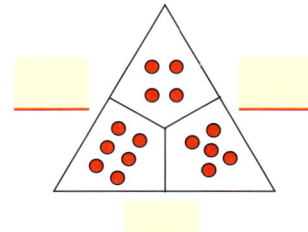
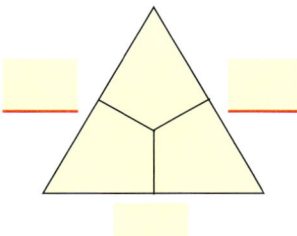

6 Knobeldreiecke

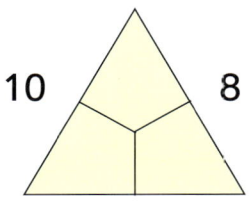
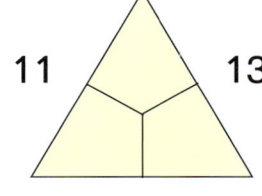
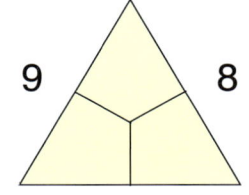

Erfinde selbst
Rechendreiecke.

Kennst du die Uhr?

AH S. 75

1 Dein Tagesablauf:
Wo stehen die Zeiger, wenn du …

Nimm als Zeiger Hölzchen.

… aufstehst?

… ins Bett gehst?

… mit den Hausaufgaben beginnst?

… Pause hast?

… zu Abend isst?

… aus dem Haus gehst?

2 Wie viel Uhr ist es, wenn …?

a)

… du aufstehst?

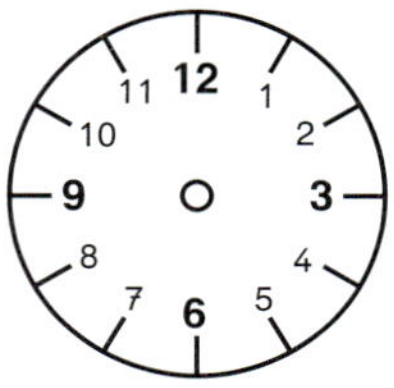

_____ Uhr

b)

… mit den Hausaufgaben beginnst?

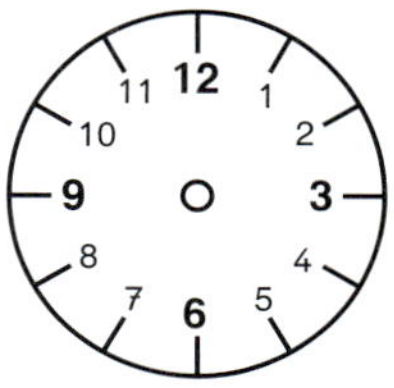

_____ Uhr

c)

… dich mit Freunden triffst?

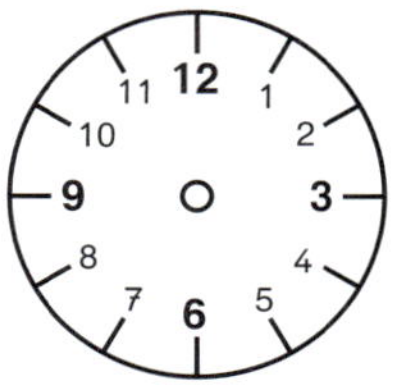

_____ Uhr

d)

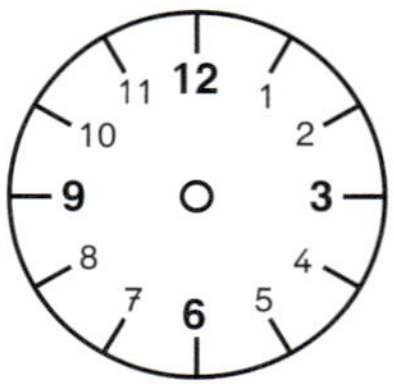

… ?

_____ Uhr

114

3 Kennst du beide Uhrzeiten?

a)

___ Uhr

___ Uhr

b)

___ Uhr

___ Uhr

c)

___ Uhr

___ Uhr

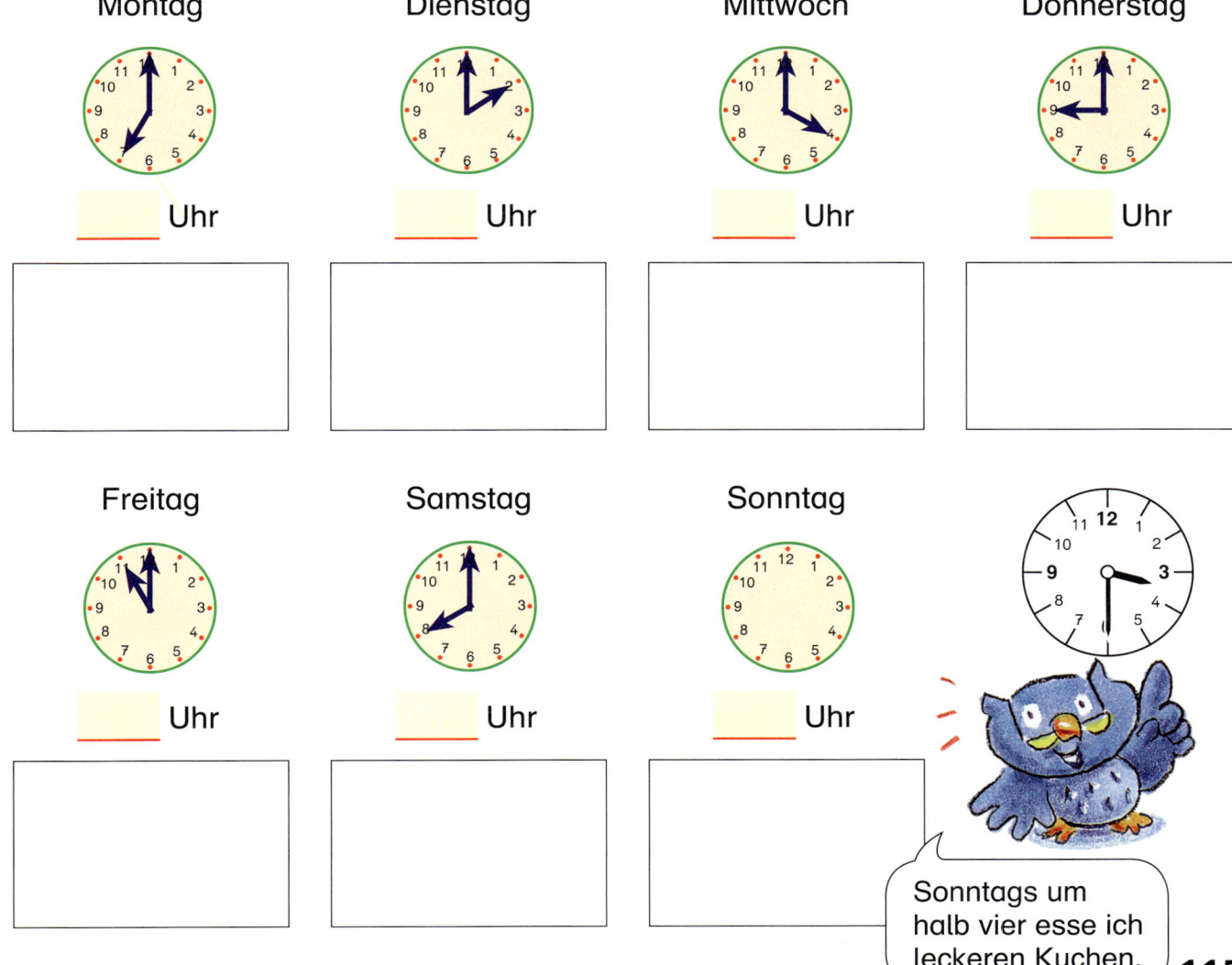

vormittags: 11 Uhr
abends: 23 Uhr

d)

___ Uhr

___ Uhr

e)

___ Uhr

___ Uhr

f)

___ Uhr

___ Uhr

g)

___ Uhr

___ Uhr

h)

___ Uhr

___ Uhr

i)

___ Uhr

___ Uhr

4 Was machst du an diesen Wochentagen? Bestimme die Uhrzeit und zeichne.

Montag

___ Uhr

Dienstag

___ Uhr

Mittwoch

___ Uhr

Donnerstag

___ Uhr

Freitag

___ Uhr

Samstag

___ Uhr

Sonntag

___ Uhr

Sonntags um halb vier esse ich leckeren Kuchen.

115

Tangram

So kannst du ein Tangram schneiden.

1. Lege die Figuren nach.

2. Erfinde Figuren – dein Partner legt sie nach.

3. Tangram-Ideen

Mit anderen Kindern:
Tangram-Zoo

Alleine:
Eine Geschichte schreiben.

Tangram

extra schwer!

4. Aus welchen Formen besteht dein Tangram?
   Wie viele Formen hast du von jeder Sorte gebraucht?

Origami

Tipps:
1. Auf festem Untergrund falten.
2. Genau falten.
3. Kanten fest einstreichen.

Origami heißt „die Kunst des Papierfaltens".
Fast alle Figuren werden aus einem Quadrat
gefaltet.

⑤ So verwandelst du ein Rechteck in ein Quadrat.

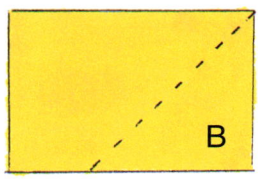
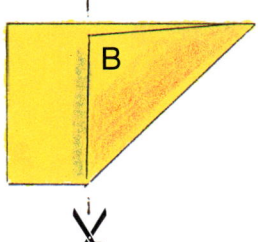

⑥ Die Drachen-Grundform

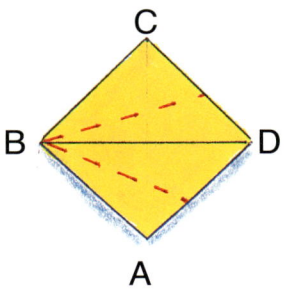
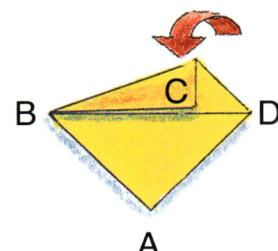
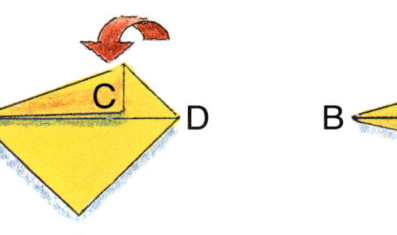

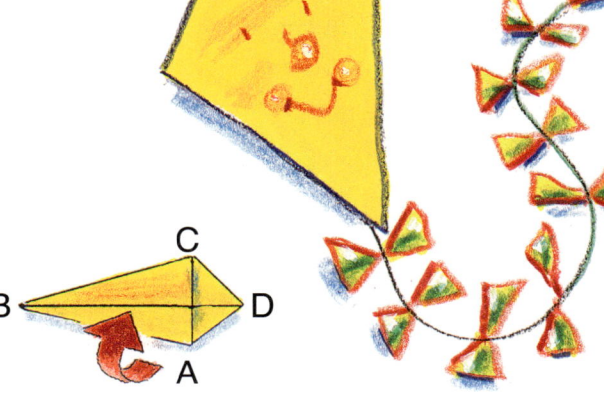

⑦ Ein Vogelschwarm
Aus der Drachen-Grundform wird ein Pfeil …

… und dann ein Vogel.

⑧ Malt die fehlenden Augen und Beine.

Ihr könnt miteinander ein Plakat
gestalten oder eine Geschichte
über eure Vögel schreiben …

117

Ich finde auch Mathespiele toll.

Gibt es auch Preise?

Wie viele Spiele machen wir?

Meine Mama kann Kuchen backen.

Jeder kann Ideen einbringen.

Herzlich willkommen zum Spielefest am 17. Juni

Beginn: 15.00 Uhr
Ende: 18.00 Uhr

Punktestand von _____

① Dartspiel _____
② Murmeln _____
③ Stangen _____
④ Hüpfen _____
⑤ Würfel _____
⑥ Puzzle _____
⑦ Rollbrett _____

① Dart-Spiel

Jeder hat 3 Versuche.

③ Stangen und Seil

Verbinde die Stangen mit dem Seil so, dass ein Rechteck und zwei Dreiecke entstehen. Stelle zuerst die Stangen entsprechend hin.   5 Punkte

④ Hüpfspiel

② Murmelspiel

Jeder hat 3 Murmeln und 3 Versuche.

Hüpfe auf der Schnecke:
– Treffe nur die geraden Zahlen: 10 Punkte
– Treffe nur die ungeraden Zahlen: 10 Punkte

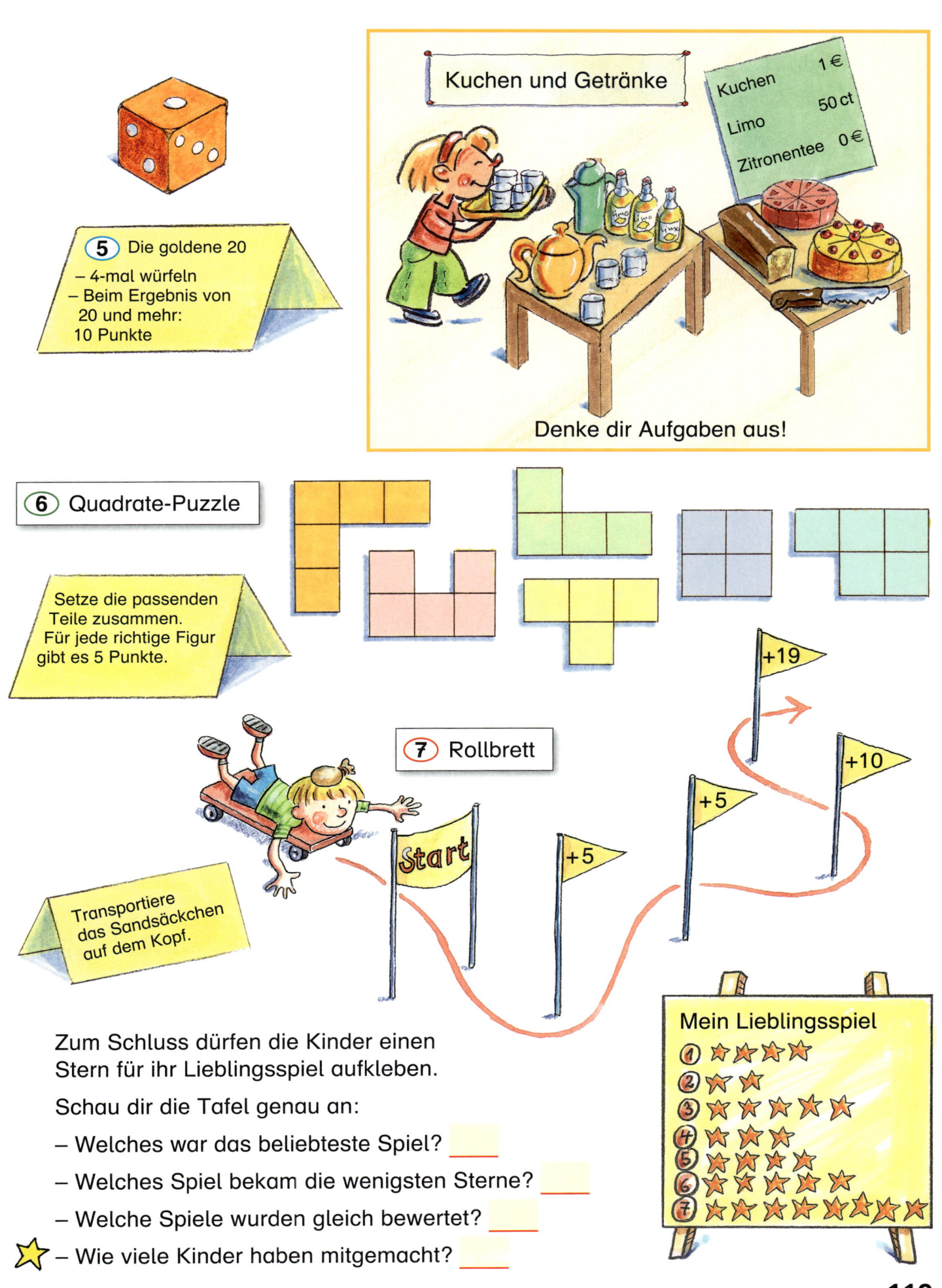

Kuchen und Getränke

Kuchen	1 €
Limo	50 ct
Zitronentee	0 €

Denke dir Aufgaben aus!

5 Die goldene 20
– 4-mal würfeln
– Beim Ergebnis von
  20 und mehr:
  10 Punkte

6 Quadrate-Puzzle

Setze die passenden
Teile zusammen.
Für jede richtige Figur
gibt es 5 Punkte.

7 Rollbrett

+19

+10

+5

+5

Start

Transportiere
das Sandsäckchen
auf dem Kopf.

Mein Lieblingsspiel

① ★★★★
② ★★
③ ★★★★★
④ ★★★
⑤ ★★★★
⑥ ★★★★
⑦ ★★★★★★★

Zum Schluss dürfen die Kinder einen
Stern für ihr Lieblingsspiel aufkleben.

Schau dir die Tafel genau an:

– Welches war das beliebteste Spiel?

– Welches Spiel bekam die wenigsten Sterne?

– Welche Spiele wurden gleich bewertet?

– Wie viele Kinder haben mitgemacht?

1 Schreibe die Zahlen auf.

1Z 7E = *17*   1Z 4E = ___

1Z 9E = ___   1Z 5E = ___

2Z 0E = ___   2Z 3E = ___

Schöne Ferien!

2 Setze die Zahlenfolgen fort.

a) 2, 5, 8, _____ 20   b) 3, 6, 5, 8, _____ 18

c) 21, 19, 17, _____ 5   d) 20, 17, 19, 16, _____ 12

3 >, <, = ?

a) 1Z 5E ◯ 14   b) 20 ◯ 1Z 6E   c) 8 + 3 ◯ 10

   1Z 8E ◯ 8   20 ◯ 2Z   6 + 6 ◯ 12

   1Z 0E ◯ 10   20 ◯ 2Z 1E   9 + 9 ◯ 20

4 Ergänze.

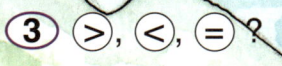
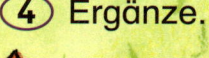

5 3 Zahlen – 4 Aufgaben: Finde beide Möglichkeiten.

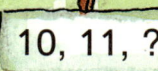

6, 8, ?

8, 11, ?

1, 12, ?

10, 11, ?

5, 12, ?

14, 5, ?

7, 8, ?

6 Ordne nach der Größe.

19, 9, 21, 12, 2, 5, 15, 1, 16,

20, 14, 4, 10, 7, 3, 13, 11, 21

_____

_____

7

7 + 2 = ☐	6 + 4 = ☐	3 + 5 = ☐	9 + 1 = ☐	4 + 4 = ☐
17 + 2 = ☐	16 + 4 = ☐	13 + 5 = ☐	19 + 1 = ☐	14 + 4 = ☐

1 + 8 = ☐	2 + 6 = ☐	10 + 2 = ☐
11 + 8 = ☐	12 + 6 = ☐	20 + 2 = ☐

8 Verdopple oder halbiere.

3	☐	☐	2	4	☐	☐
☐	12	18	☐	☐	16	14

Auf Wiedersehen in der 2. Klasse!

9

a) 20 − 6 = ___
19 − 7 = ___
18 − 8 = ___
17 − 9 = ___
...

b) 2 + 17 = ___
3 + 15 = ___
4 + 13 = ___
5 + 11 = ___
...

c) 10 − 3 = ___
20 − 6 = ___
10 − 4 = ___
20 − 8 = ___
...

d) 10 + 5 = ___
10 − 5 = ___
9 + 4 = ___
9 − 4 = ___
...

10 Setze ➕ oder ➖ richtig ein.

6 ◯ 4 = 10 ◯ 8

3 ◯ 5 = 4 ◯ 4

12 ◯ 3 = 20 ◯ 5

18 ◯ 6 = 6 ◯ 6

19 ◯ 1 = 20 ◯ 2

11 Ergänze.

6 ☐ = 20   17 ☐ = 19

18 ☐ = 11   12 ☐ = 7

21 ☐ = 12   10 ☐ = 21

16 ☐ = 20   19 ☐ = 9

1 Vom Zwanzigerfeld zum Hunderterfeld.

5 Zwanzigerfelder ergeben ein Hunderterfeld!

2 Rechne mit dem Hunderterfeld.

a) $10 + 10 =$ ___ $20 + 20 =$ ___ $50 + 50 =$ ___ $50 + 20 =$ ___

$20 + 10 =$ ___ $30 + 10 =$ ___ $40 + 40 =$ ___ $70 + 10 =$ ___

b) $100 - 10 =$ ___ $40 - 20 =$ ___ $80 - 30 =$ ___ $90 - 20 =$ ___

$90 - 10 =$ ___ $60 - 20 =$ ___ $60 - 30 =$ ___ $70 - 20 =$ ___

3 Wo hängen die anderen Zahlen?

4 Trage die Zahlen bis 20 ein. Schaffst du es auch bis 100?

1	2	3							10
		13							20
21	22								
	32		34				38		
		43		45	46				
51					57	58			
61		63						69	
	72			76					
		83					88		90
				95					100

Im Zwanziger kenne ich mich aus!

5 Nachbarn

	7			21		

		18			33	

	8			88		

6 Bilde Zahlen mit diesen Karten.

6 0   4 0   1 0   7   4   8

__ + __ = __   __ + __ = __   6 7   60 + 7 = 67

__ + __ = __   __ + __ = __   __ + __ = __

7 Zahlenmauern.

10   20   30

90
40
30

100

60   70   80   75   90   99   100

10 füttert!
(2 – 4 Spieler)

Spielregel:

Je 5 Spielsteine (z. B. Plättchen, Kastanien), 2 Würfel

Rechne die Würfelaugen zusammen und besetze das Feld. Liegt dort schon eine Spielfigur, muss sie wieder zurückgenommen werden und deine wird auf das Feld gelegt. Würfelst du eine 10, dann darfst du das Mumpel mit einem deiner Spielsteine füttern. Auf die 10 dürfen alle Steine für immer abgelegt werden. Wer als Erster keine Spielfiguren mehr hat, gewinnt.